JN094039

マーク式
基礎問題集
世界史B

河合塾講師
知念信一…［監修］
Giulio植村…［著］

六訂版

はしがき

本書は，**大学入学共通テストのための基本的知識の確認**や，**私大入試の正誤判定問題対策**のための問題集です。

大学入学共通テストでは，**資料やグラフなどから読み取った情報と，世界史の知識を組み合わせて解答すること**が求められています。そのためには，**世界史の基本的な知識が必要**とされるのは言うまでもありません。

また，最近の私立大学入試では，**短文の正誤判定問題**が増えています。**正誤判定問題には問題演習が不可欠**です。

この問題集は，大学入学共通テストのための基本的知識の確認と，私大入試の正誤判定問題対策のために，過去のセンター試験の短文正誤判定問題を素材として，全面的に用語や表現をアップデートした問題で構成されています。

問題は，教科書を使った予習や復習を行いやすいように，**範囲を限定した問題**にしてあります。

使い方

●各問題には，その問題のテーマが書いてあります。
そのテーマについて**学習が一応終わっている場合，そのまま問題をやりましょう。**
まだ学習していない場合，あるいは学習が終わってはいるが十分でない場合，そのテーマに該当する教科書の範囲を1回読んでからやりましょう。

●問題をやり終えたら，解説を必ず読んでください。
正解の選択肢を含めて解説を読んで，自分が正しい，あるいは誤りと判断したのが間違っていなかったかどうか確認しましょう。
正解しても，誤りと判断したポイントが間違っている可能性があるからです。

●いずれの場合も，**自分の判断の誤りを見つけたら，教科書に戻って読み直しましょう。**

●問題によって，流れを確認できるように簡単なまとめをつけてあります。利用してください。

目　　次

Ⅰ 古代オリエント・ギリシア・ローマなど

1 先史時代

先史時代について述べた文として**誤っているもの**を，次の①～④のうちから一つ選べ。

① 猿人は，石を打ち欠いただけの簡単な打製石器を使用していたと推定されている。

② 北京原人は，狩猟・採集の生活をおくり，火を使用することを知っていた。

③ 旧人は，槍(やり)の穂先や矢じりに磨製石器を用いて，狩猟を行った。

④ 新石器時代には，農耕・牧畜がさかんに行われるようになった。

2 古代オリエント

古代オリエントの歴史について述べた文として正しいものを，次の①～④のうちから一つ選べ。

① シュメール人は，都市国家のウルやウルクを建設した。

② ヒッタイトでは，ファラオを頂点とする統一国家がつくられた。

③ アッシリアは，ユダ王国を滅ぼしてバビロン捕囚を行った。

④ フェニキア人は，ダマスクスを中心に内陸交易で活躍した。

3 アケメネス(アカイメネス)朝

アケメネス(アカイメネス)朝について述べた文として正しいものを，次の①～④のうちから一つ選べ。

① ダレイオス1世は，マラトンの戦いでギリシア勢力を打ち破った。

② 都として，ペルセポリスがティグリス・ユーフラテス川中流域に建設された。

③ 知事(サトラップ)が帝国各州に派遣された。

④ マニ教が国教とされた。

4 エーゲ文明

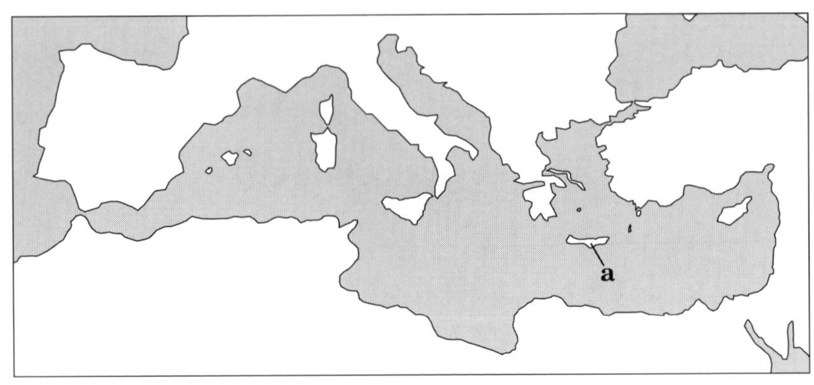

地図の島**a**において，前２千年紀前半頃に栄えた古代文明について述べた文として正しいものを，次の①〜④のうちから一つ選べ。

① エヴァンズにより，この文明の遺跡が発掘された。
② 鉄器文明であった。
③ ミケーネ文明を滅ぼして成立した。
④ この文明では，文字は用いられていなかった。

5 古代ギリシア

古代ギリシアに関連して述べた文として正しいものを，次の①〜④のうちから一つ選べ。

① ギリシア人は地中海各地に植民活動を展開し，北アフリカにはカルタゴを建設した。
② ギリシア人のポリスでは，アクロポリスやアゴラを中心に，公共生活が営まれた。
③ ポリスが形成された背景には，青銅器の普及による生産力の向上があった。
④ ポリスは最初，強大な権力をもつ王によって専制的に支配されていた。

6 アテネとスパルタ

ポリスの法について述べた文として正しいものを，次の①～④のうちから，一つ選べ。

① スパルタでは，ヘイロータイ(ヘロット)が法の制定に参加した。
② アテネでは，クレイステネスが陶片追放(オストラシズム)を定めた。
③ スパルタでは，ドラコンが法を制定して国の体制を定めた。
④ アテネでは，ペイシストラトスが貴族と平民の争いを調停して法を定めた。

7 古代ギリシアの哲学

古代ギリシアの哲学について述べた文として**誤っているもの**を，次の①～④のうちから，一つ選べ。

① タレスらが自然哲学を唱え，自然の本質を探ろうとした。
② ソフィストが登場し，絶対的な真理の存在を主張した。
③ プラトンは，イデア論を説いた。
④ アリストテレスは，諸学問を集大成した。

8 ヘレニズム世界

ヘレニズム世界について述べた文として正しいものを，次の①～④のうちから一つ選べ。

① アレクサンドロス大王の死後，その後継者を称する武将たちが王国を樹立し，王国間で抗争をつづけた。
② アテネはデロス同盟の盟主として，ヘレニズム世界の政治の主導権を握っていた。
③ アケメネス朝がヘレニズム世界を支配していた。
④ エジプトのプトレマイオス朝は，パルティアに滅ぼされた。

9 ヘレニズム文化

ヘレニズム文化について述べた文として**誤っているもの**を，次の①～④のうちから一つ選べ。

① ポリスの枠を否定する世界市民主義(コスモポリタニズム)と呼ばれる考え方が普及した。
② プトレマイオス朝の都のアレクサンドリアは，ヘレニズム文化の中心地として栄えた。
③ ヘレニズム文化の美術は，ガンダーラ美術の影響を受けて成立した。
④ ゼノンは，禁欲を説くストア派の哲学を創始した。

10 ササン朝

ササン朝について述べた文として正しいものを，次の①～④のうちから一つ選べ。

① ホスロー１世は，ローマ帝国と戦って，皇帝を捕虜にした。
② この王朝のもとで発達した美術・工芸品の様式の影響は，日本の正倉院宝物にも見られる。
③ シャープール１世は，突厥と結んでエフタルを滅ぼした。
④ 仏教・キリスト教などの要素を融合させて，ゾロアスター教が成立した。

11 前４世紀のローマ

前４世紀のローマについて述べた文として正しいものを，次の①～④のうちから一つ選べ。

① エトルリア人の王が統治していた。
② ポエニ戦争を終えたところであった。
③ グラックス兄弟が改革を準備していた。
④ リキニウス・セクスティウス法が制定された。

12 古代ローマの政治と政治制度

古代ローマの政治や政治制度について述べた文として正しいものを，次の①～④のうちから一つ選べ。

① 十二表法により，平民会の決議が国法とされた。
② グラックス兄弟は，大地主の土地所有を奨励する政策をとった。
③ カエサルは，レピドゥス・クラッススとともに第１回三頭政治を行った。
④ ネルウァ帝に始まる５人の皇帝の治世は，五賢帝時代と呼ばれる。

13 アウグストゥス時代

アウグストゥス時代のローマ帝国について述べた文として正しいものを，次の①～④のうちから一つ選べ。

① アウグストゥスの始めた帝政は，専制君主政(ドミナトゥス)と称された。
② アウグストゥス時代に，ローマ帝国の領土は最大となった。
③ アウグストゥスは，スパルタクスの反乱を鎮圧した。
④ アウグストゥスから五賢帝の時代まで，ローマ帝国内外の治安は比較的安定し，地中海世界に「ローマの平和」がつづいた。

14 ローマ帝国末期

コンスタンティノープルがローマ帝国の都となったのちの出来事について述べた文として正しいものを，次の①～④のうちから一つ選べ。

① ウァレリアヌス帝が，ササン朝と戦って捕虜となった。
② ディオクレティアヌス帝が，帝国を四分して統治した。
③ ローマ帝国の全自由民に，ローマ市民権が与えられた。
④ キリスト教が，ローマ帝国の国教となった。

15 初期キリスト教

初期キリスト教について述べた次の文**あ**と**い**の正誤の組合せとして正しいものを，次の①～④のうちから一つ選べ。

あ　ニケーア公会議で，アタナシウス派が正統とされた。
い　アウグスティヌスは，イエスや使徒の言行を『新約聖書』として著した。

①　**あ**―正　**い**―正　②　**あ**―正　**い**―誤
③　**あ**―誤　**い**―正　④　**あ**―誤　**い**―誤

16 古代ローマ時代の著作

古代ローマ時代の著作と著者の組合せとして正しいものを，次の①～④のうちから一つ選べ。

①　『労働と日々』―ウェルギリウス
②　『ローマ建国史』（『ローマ建国以来の歴史』）―キケロ
③　『自省録』―マルクス=アウレリウス=アントニヌス帝
④　『告白』（『告白録』）―ディオクレティアヌス帝

Ⅱ 古代インド・東南アジア・中国王朝など

17 マウリヤ朝の都

インド最初の統一王朝であるマウリヤ朝の都の名と，その位置を示す次の地図中の**a**または**b**との組合せとして正しいものを，下の①〜④のうちから一つ選べ。

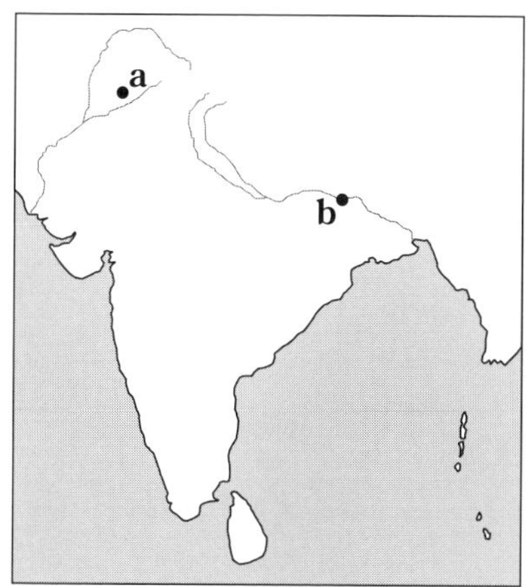

① ハラッパー ― **a**
② ハラッパー ― **b**
③ パータリプトラ ― **a**
④ パータリプトラ ― **b**

18 前3世紀頃のインド

前3世紀頃のインドについて述べた文として正しいものを，次の①〜④のうちから一つ選べ。

① ガウタマ=シッダールタが，仏教を興した。
② アショーカ王が，ダルマにもとづく統治をめざした。
③ カニシカ王が，仏教を保護し，仏典の結集が行われた。
④ チャンドラグプタ2世が，北インド全域を支配した。

19 東南アジアの歴史

東南アジアの歴史について述べた文として正しいものを，次の①～④のうちから一つ選べ。

① シャイレンドラ朝では，ボロブドゥールなどのイスラーム寺院が建立された。
② パガン朝では，スリランカから入った大乗仏教が普及した。
③ シュリーヴィジャヤ王国では，仏教が保護され，アジャンター石窟寺院が建立された。
④ ベトナムでは，漢字を利用してチュノム(字喃)が考案された。

20 中国・ベトナムの関係

中国・ベトナムの関係について述べた文として正しいものを，次の①～④のうちから一つ選べ。

① 漢は，南越を滅ぼすと，インドシナ半島全域を支配した。
② ベトナムは現在のハノイに安南都護府を設け，中国の支配から独立した。
③ 元(大元ウルス)は，ベトナムに侵攻し，陳朝を滅ぼした。
④ 明は，永楽帝の時代にベトナムに出兵し，一時支配した。

21 黄河文明

黄河文明について述べた文として正しいものを，次の①～④のうちから一つ選べ。

① 仰韶文化では，黒陶と呼ばれる土器がつくられた。
② 黄河流域の主要作物は水稲であり，豚などが飼育されていた。
③ 河姆渡遺跡は，竜山文化を代表する遺跡である。
④ 殷王朝では，甲骨文字が使用された。

22 周(西周)

周(西周)について述べた文として正しいものを，次の①～④のうちから一つ選べ。

① 周(西周)は，前17世紀から前16世紀頃に成立した王朝である。
② 周(西周)時代に，鉄製農具や青銅貨幣が普及した。
③ 周(西周)は，渭水流域の鎬京に都を定めて，華北を中心に支配した。
④ 周(西周)は，五胡によって都を攻略され，東遷して洛邑に都を置いた。

23 春秋・戦国時代

春秋・戦国時代について述べた文として正しいものを，次の①～④のうちから一つ選べ。

① 刀や布などの金銀貨幣が使用されるようになった。
② 諸侯は均輸・平準法を実施して，経済の安定をはかった。
③ 鉄製の犂を牛に引かせる耕作法が行われるようになった。
④ 諸国は富国強兵策のもとに，各地に藩鎮を設置した。

24 戦国の七雄

戦国の七雄について述べた文として**誤っているもの**を，次の①～④のうちから一つ選べ。

① 燕は，現在の北京とその周辺を支配していた。
② 楚は，長江流域をおさえて強盛を誇った。
③ 秦は，商鞅を登用して改革を推進し，富国強兵につとめた。
④ 晋は，山東半島を支配し，その都には多くの思想家が集まった。

25 諸子百家

孟子の思想について述べた文として最も適当なものを，次の①～④のうちから一つ選べ。

① 無為自然を説き，人為的な礼に反対した。
② 礼は無力であるとして，法による統治を説いた。
③ 陰陽五行説を説き，天体運行と人間生活の関係を論じた。
④ 人の本性を善とする性善説を唱えた。

26 秦

秦について述べた文として正しいものを，次の①～④のうちから一つ選べ。

① 周の政治を理想とした政策を強行して，社会を混乱させた。
② 各地に封土を与えられた皇帝の一族が互いに争って，政治が乱れた。
③ 匈奴との戦争や土木事業などの負担は，民衆を苦しめた。
④ 外戚が権力を握り，官僚や学者を弾圧した。

27 前漢

前漢の時代に起こった出来事について述べた文として正しいものを，次の①～④のうちから一つ選べ。

① 劉邦が魏・呉・蜀の三国を統一した。
② 司馬遷が『史記』を著した。
③ 倭の使者に，漢委奴国王印を与えた。
④ ムスリム商人が交易のために訪れた。

28 後漢

後漢時代について述べた文として**誤っているもの**を，次の①～④のうちから一つ選べ。

① 儒学が初めて国家の正統な学問と定められた。
② 官僚となる者には，豪族出身者が多かった。
③ 豪族の勢力が増大し，大土地所有が進行した。
④ 宦官が皇帝の側(そば)近くに在って権力を振るった。

29 魏晋南北朝

魏晋南北朝時代について述べた文として**誤っているもの**を，次の①～④のうちから一つ選べ。

① 魏は華北を支配し，蜀・呉と対立した。
② 東晋は，五胡十六国を統一した。
③ 北魏の均田制は，北朝をへて隋・唐王朝に引き継がれた。
④ 梁の昭明太子は，『文選』を編纂した。

30 中国と倭国

中国と倭国(日本)の関係について述べた次の文**あ**と**い**の正誤の組合せとして正しいものを，下の①～④のうちから一つ選べ。

あ 晋(西晋)に，卑弥呼は朝貢した。
い 倭の五王は，隋に使者を送った。

① **あ**―正　**い**―正　② **あ**―正　**い**―誤
③ **あ**―誤　**い**―正　④ **あ**―誤　**い**―誤

31 唐

唐の7世紀後半から8世紀前半にかけての政治情勢について述べた文として正しいものを，次の①～④のうちから一つ選べ。

① この時期，六部と呼ばれる地方官制が施行されていた。
② 完顔阿骨打が，中国東北地方に渤海国を建てた。
③ 玄宗の治世の前半は安定しており，「貞観の治」と称された。
④ 則天武后が，帝位について周王朝を建てた。

32 唐の周辺諸国

唐からの影響を受けた諸国について述べた文として**誤っているもの**を，次の①～④のうちから一つ選べ。

① 日本は，遣唐使の派遣などによって唐の文化や制度を取り入れ，天皇中心の国家体制を確立した。
② 高句麗は，唐の遠征軍を退けたが，渤海によって滅ぼされた。
③ 新羅は，唐と連合して百済などを滅ぼした。
④ 渤海は，唐の文化や制度を取り入れて発展し，日本とも密接に交流した。

33 澶淵の盟

澶淵の盟について述べた文として正しいものを，次の①～④のうちから一つ選べ。

① 宋はこの条約締結ののち，西夏とのあいだにも和約を結んだ。
② この条約を締結したときの遼の皇帝は，耶律阿保機であった。
③ この条約の結果，遼は国力を増し，中央アジアに勢力を広げてカラ=キタイ(西遼)を建てた。
④ 宋側でこの条約を締結するよう主張したのは，旧法党に属する官僚であった。

34 南宋の都市

南宋の都市について述べた文として**誤っているもの**を，次の①～④のうちから一つ選べ。

① 泉州は，貿易港として発展した。
② 景徳鎮では，陶磁器がさかんに生産されていた。
③ 臨安は，南宋の都として栄えていた。
④ 広州では，朱印船貿易が最盛期を迎えていた。

35 唐宋の文化

唐宋時代の文化について述べた文として正しいものを，次の①～④のうちから一つ選べ。

① 唐代の韓愈(韓退之)は，古文の復興を提唱した。
② 唐代には，書家として王羲之が活躍した。
③ 北宋の皇帝である高宗は，画院を保護した。
④ 南宋の王維は，詩人であり画家でもあった。

36 金

12世紀に建国された金について述べた文として正しいものを，次の①～④のうちから一つ選べ。

① この国の支配層は，契丹人であった。
② この国の公用語を書き表すために，西夏文字が作られた。
③ この国は，渤海国を滅ぼした。
④ この国は，淮河以北の華北を支配した。

37 大モンゴル国(モンゴル帝国)・元

次の史料は，『東方見聞録(世界の記述)』からとったものである。

彼は，1260年にハン(汗)の位につき，以来その統治が始まった。初めその兄弟・一族たちが彼の即位に不同意だったので，やむなく彼は実力と知勇をふるって，ハンの位を掌握した。

下線部に関連して述べた文として正しいものを，次の①～④のうちから一つ選べ。

① モンゴル帝国のハンは，クリルタイと呼ばれる集会で選出されるしくみになっていた。
② この相続争いが起こったとき，ロシアではモンゴル軍がモスクワ大公国に侵攻していた。
③ 彼の即位後ただちに，モンゴル軍はヨーロッパに侵入し，ワールシュタットの戦いに勝利した。
④ ハイドゥの乱の最中に，南京に拠(よ)っていた南宋が，元によって滅ぼされた。

38 元の対外政策

元の対外政策とそれが周辺の諸国に与えた影響について述べた文として正しいものを，次の①～④のうちから一つ選べ。

① フビライは，東南アジアの海上交易路を支配しようとして，鄭和を司令官とする軍隊をジャワ島に派遣した。
② ビルマ(ミャンマー)では，モンゴル軍との戦争後にパガン朝が滅んだ。
③ 朝鮮半島では，高麗がモンゴル軍によって滅ぼされ，朝鮮王朝が建国された。
④ フビライは，諸ハン国に対抗するために，キリスト教勢力と手を結び，教皇の派遣したプラノ=カルピニを厚遇した。

39 宋・元時代の文化

宋代または元代の文化について述べた文として正しいものを，次の①～④のうちから一つ選べ。

① 宋代には，儒学の新しい展開がみられ，陽明学が興った。
② 宋代には，杜甫や白居易などの詩人が活躍した。
③ 元代には，授時暦が作られるなど，暦学が発達した。
④ 元代には，景教などの西方の宗教が，中国に伝えられた。

40 明

明代の出来事について述べた文として**誤っているもの**を，次の①～④のうちから一つ選べ。

① 皇帝の政治顧問として，内閣大学士が置かれた。
② 村落に里甲制をしいて，中央集権支配の末端機構とした。
③ 六諭を発布し，民衆を教化しようとした。
④ 藩部に関する事務を統轄する機関として，理藩院が創設された。

41 16世紀の儒学

16世紀の儒学について述べた文として正しいものを，次の①～④のうちから一つ選べ。

① 孔穎達らは『五経正義』を編纂し，五経の解釈の標準を定めた。
② 陸九淵(陸象山)は，朱子学を批判した。
③ 鄭玄らは，経典の字句の注釈である訓詁学を確立した。
④ 王守仁(王陽明)は「知行合一」を唱え，陽明学を興した。

42 清

ネルチンスク条約を締結した皇帝の時期の中国について述べた文として最も適当なものを，次の①～④のうちから一つ選べ。

① 三藩の乱と呼ばれる反乱が平定された。
② 『四書大全』の編纂(へんさん)が行われた。
③ 万里の長城を修築して，エセン=ハンの侵入に備えた。
④ 日本との間で勘合貿易が行われた。

43 明清時代の商人・商業

明清時代の商人・商業について述べた文として**誤っているもの**を，次の①～④のうちから一つ選べ。

① 新安商人や山西商人が特権的商人として，全国的に活躍した。
② 景徳鎮は，陶磁器の代表的生産地として有名である。
③ 都市の商人は，同業組合の力を背景に，都市の自治権を獲得していった。
④ 主要な都市には会館・公所と呼ばれる建物がつくられ，同郷・同業種の商人の互助がはかられた。

44 清代の学術・文化

清代の学術・文化について述べた文として正しいものを，次の①～④のうちから一つ選べ。

① 乾隆帝の命で，「坤輿万国全図」が作成された。
② 顧炎武は考証学を批判した。
③ 文字の獄が起こり，反清思想が弾圧された。
④ 銭大昕は，満洲(州)文字を考案した。

45 中国の税制

中国史上の税制について述べた文として正しいものを，次の①～④のうちから一つ選べ。

① 租調庸制は，北斉の時代に始められた均田制にもとづく税制である。
② 両税法は，安史の乱後に唐で実施された税制である。
③ 一条鞭法は，モンゴルが中国支配にあたって実施した税制である。
④ 地丁銀制は，地税(地銀)と丁税(人頭税)を別々に徴収する税制である。

46 18世紀の朝鮮半島の王朝

18世紀の朝鮮半島を支配していた王朝について述べた文として**誤っているもの**を，次の①～④のうちから一つ選べ。

① 王朝樹立後，新首都を金城(慶州)に定めた。
② 朱子学を重要視し，これを官学とした。
③ 訓民正音という音標文字を制定した。
④ この王朝の支配層は，両班(ヤンバン)と称された。

47 琉球

琉球の政治と外交について述べた文として正しいものを，次の①～④のうちから一つ選べ。

① 琉球は，15世紀前半に中山王によって統一された。
② 琉球は，17世紀初めに徳川幕府に服属した。
③ 鄭成功は，琉球を根拠地として清朝に抵抗した。
④ 琉球は，明朝との間に対等な外交関係を結んだ。

Ⅲ イスラーム世界

48 イスラーム教

イスラーム教について述べた文として**誤っているもの**を，次の①～④のうちから一つ選べ。

① 『クルアーン(コーラン)』はイスラーム教の聖典である。
② アッラーを信じる一神教である。
③ 6世紀にイスラーム法(シャリーア)が成立した。
④ メッカにあるカーバ神殿を聖地としている。

49 ムハンマドがムスリム共同体を建設した都市

次の地図中に記された**a**～**d**のうち，迫害を逃れたムハンマドがムスリム（イスラーム教徒）の共同体（ウンマ）を建設した都市の位置として正しいものを，下の①～④のうちから一つ選べ。

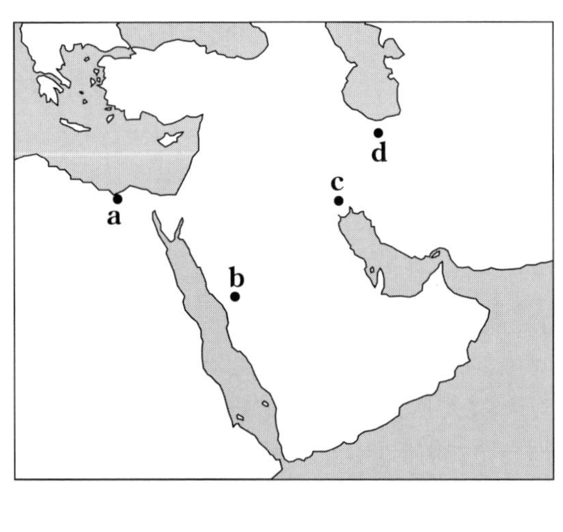

① **a**　② **b**　③ **c**　④ **d**

50 アッバース朝

アッバース朝について述べた文として正しいものを，次の①～④のうちから一つ選べ。

① トゥール・ポワティエ間でフランク王国の軍と戦った。
② シーア派の教義を採用して，スンナ派を弾圧した。
③ アラビア半島のメッカを首都とした。
④ ハールーン=アッラシードの治世に最盛期を迎えた。

51 サラーフ=アッディーン(サラディン)

サラーフ=アッディーン(サラディン)について述べた文として正しいものを，次の①～④のうちから一つ選べ。

① 第１回十字軍の侵入を退けた。
② イェルサレム王国を建設した。
③ ラテン帝国から，コンスタンティノープルを奪回した。
④ スンナ派のアイユーブ朝を建てた。

52 10世紀のイスラーム諸王朝

10世紀のイスラーム世界の諸王朝について述べた文として正しいものを，次の①～④のうちから一つ選べ。

① ベルベル人がムワッヒド朝を建てた。
② トルコ系のサーマーン朝が成立した。
③ アフガニスタンでガズナ朝が成立した。
④ イラクでカラハン朝が成立した。

53 イスラーム時代のイベリア半島

イベリア半島の歴史について述べた文として**誤っているもの**を，次の①～④のうちから一つ選べ。

① ウマイヤ朝の一族が，この半島に王朝を建てた。
② ベルベル人の建てたムラービト朝が，この半島にも進出した。
③ アルハンブラ宮殿が，この半島のコルドバに建てられた。
④ ナスル朝は，この半島における最後のイスラーム王朝となった。

54 イスラーム世界の君主

イスラーム世界の君主について述べた文として正しいものを，次の①～④のうちから一つ選べ。

① アッバース朝のカリフを，正統カリフと呼ぶ。
② シャーは，もともと古代エジプトの君主の称号であった。
③ スルタンという称号は，マムルーク朝によって初めて用いられた。
④ ファーティマ朝の君主は，カリフを称した。

55 オスマン帝国

オスマン帝国について述べた文として正しいものを，次の①～④のうちから一つ選べ。

① スレイマン１世のときに最盛期を迎え，ウィーンを包囲して西欧諸国に脅威を与えた。
② インドに侵入して，ムガル帝国を滅ぼした。
③ プレヴェザの海戦に敗れ，北アフリカの領土を失った。
④ イランのサファヴィー朝を征服した。

56 ムガル帝国

ムガル帝国のアクバルおよびアウラングゼーブの事績について述べた文として正しいものを，次の①～④のうちから一つ選べ。

① アクバルは，官僚制度のマンサブダール制を定めた。
② アクバルは，ビルマ(ミャンマー)の全土を支配下に置いた。
③ アウラングゼーブは，従来ヒンドゥー教徒に課されていた人頭税(ジズヤ)を廃止した。
④ アウラングゼーブは，セイロン島を征服した。

57 サファヴィー朝

サファヴィー朝について述べた文として正しいものを，次の①～④のうちから一つ選べ。

① デヴシルメによって，人材を確保した。
② 土地制度のイクター制を創始した。
③ スンナ(スンニー)派のオスマン帝国と抗争を繰り返した。
④ 20世紀初頭のイラン立憲革命で滅んだ。

58 イスラーム文化

ヨーロッパの文化に大きな影響を与えたムスリムの学者について述べた文として**誤っているもの**を，次の①～④のうちから一つ選べ。

① イブン=ルシュドは，アリストテレスの著作の注釈書を著し，ヨーロッパの哲学に影響を与えた。
② イブン=シーナーは，『医学典範』を著し，ヨーロッパの医学に影響を与えた。
③ ガザーリーは，『世界の記述(東方見聞録)』を著し，ヨーロッパの地理学に影響を与えた。
④ フワーリズミーは，代数学を確立し，ヨーロッパの数学に影響を与えた。

Ⅳ 中世ヨーロッパ

59 ゲルマン人

5世紀中葉の西地中海地域の勢力分布について述べた文として**誤っているもの**を，次の①～④のうちから一つ選べ。

① イタリア半島には，ランゴバルド王国が成立していた。
② イベリア半島には，西ゴート王国が成立していた。
③ ガリア東南部には，まだフランク人は進出していなかった。
④ 北アフリカには，ヴァンダル王国が成立していた。

60 ノルマン人

ノルマン人の活動に関連して述べた文として**誤っているもの**を，次の①～④のうちから一つ選べ。

① 北フランスに進出したノルマン人は，ノルマンディー公国を建てた。
② 地中海に進出したノルマン人は，シチリア(両シチリア)王国を建てた。
③ ドニエプル川流域に進出したノルマン人は，キエフ公国を建てた。
④ ドナウ川流域に進出したノルマン人は，ハンガリー王国を建てた。

61 フランク王国

フランク王国のピピン(小ピピン)について述べた文として正しいものを，次の①～④のうちから一つ選べ。

① ローマ教会が正統とする教説を初めて受け入れ，フランク王国とローマ教皇とを結び付けた。
② 東方から移動してきたマジャール人を撃退し，国内への侵入を防いだ。
③ トゥール・ポワティエ間の戦いでイスラーム教徒の軍勢を退けた。
④ のちの教皇領の起源となる領地をローマ教皇に寄進した。

62 ビザンツ(東ローマ)帝国

ビザンツ(東ローマ)帝国について述べた文として**誤っているもの**を，次の①～④のうちから一つ選べ。

① 屯田兵制とともに軍管区(テマ)制を行った。
② ユスティニアヌス1世(大帝)の時代に最盛期を迎えた。
③ レオン3世は，聖像禁止令(聖像崇拝禁止令)を出した。
④ セルジューク朝に滅ぼされた。

63 スラヴ世界とキリスト教

スラヴ世界とキリスト教について述べた文として正しいものを，次の①～④のうちから一つ選べ。

① ブルガリア王のリューリクは，ギリシア正教に改宗した。
② キエフ公国のウラディミル1世は，ギリシア正教に改宗した。
③ セルビア人のあいだでは，ローマ=カトリックが広く受容された。
④ ポーランド人のあいだでは，ギリシア正教が広く受容された。

64 中世の封建領主

11～13世紀の西ヨーロッパにおける領主について述べた文として**誤っているもの**を，次の①～④のうちから一つ選べ。

① 領主間の主従関係は，俸給にもとづく場合が多かった。
② 領主間の主従関係は，主君と臣下(家臣)が相互に義務を負うものであった。
③ 領主は，王に対する不輸不入権をもっていた。
④ 領主は，支配下の農民に対して裁判権を行使した。

65 荘園制度

荘園制度に関連して述べた次の文①～④のうちから，**誤っているもの**を一つ選べ。

① 荘園の土地は，領主直営地・農民保有地・共同利用地からなっていた。
② 領主直営地の耕作には，農奴の賦役労働が利用された。
③ 農奴は，家屋や生産用具の所有を認められていなかった。
④ 三圃制の荘園では，地力回復のための休閑地が設けられた。

66 教会・修道院

教会や修道院について述べた文として正しいものを，次の①～④のうちから一つ選べ。

① 6世紀にベネディクトゥスは，モンテ=カシノに修道院を建てた。
② 8世紀に，クリュニー修道院を中心とする教会改革運動が起こった。
③ 11世紀に始まった叙任権闘争の結果，東西教会の分離が起こった。
④ 16世紀にイギリスのヘンリ3世は，修道院の解散を命じた。

67 叙任権闘争

叙任権闘争について述べた文として正しいものを，次の①～④のうちから一つ選べ。

① この闘争は，神聖ローマ皇帝が聖職者の叙任権を教皇から奪おうとしたために起きた。
② この闘争の過程で，神聖ローマ皇帝ハインリヒ4世が教皇インノケンティウス3世に破門される「カノッサの屈辱」が起こった。
③ この闘争の結果，クリュニー修道院を中心とする教会刷新運動が起きた。
④ この闘争は，12世紀のヴォルムス協約によって，いちおうの終結を見た。

68 十字軍

十字軍について述べた文として正しいものを，次の①～④のうちから一つ選べ。

① 十字軍は，イェニチェリと呼ばれた宗教騎士団の兵士を先頭として行われた。
② 第1回十字軍は，クレルモン宗教会議における教皇グレゴリウス7世の唱導によって開始された。
③ 第1回十字軍は，マムルーク朝と戦って，イェルサレム王国を建設した。
④ 第4回十字軍は，コンスタンティノープルを占領してラテン帝国を樹立した。

69 12世紀のヨーロッパ

12世紀の出来事について述べた文として正しいものを，次の①～④のうちから一つ選べ。

① フランク王国のメロヴィング朝が開かれた。
② イギリスで，プランタジネット朝が開かれた。
③ 北欧で，カルマル同盟が結ばれた。
④ 教皇庁が，アヴィニョンに移された。

70 教皇権の失墜

ローマ教皇がフランス王と対立し，その権威を大幅に失ったことについて述べた文として正しいものを，次の①～④のうちから一つ選べ。

① この対立の直接的原因は，国王フィリップ2世が国内の聖職者に対して課税を行ったことにある。
② この対立のとき，フランス国王は聖職者・貴族に都市代表を加えた三部会を初めて招集した。
③ この対立の結果，教皇庁はローマから南フランスのモンテ=カシノに移転させられた。
④ この対立のなかで，サンバルテルミの虐殺が行われた。

71 神聖ローマ帝国

神聖ローマ帝国について述べた文として正しいものを，次の①～④のうちから一つ選べ。

① この帝国は，五賢帝時代に最盛期を迎えた。
② 14世紀にこの帝国は，フランスに対して百年戦争を起こした。
③ ナポレオン1世が，この帝国を復活させた。
④ この帝国の皇帝ハインリヒ4世は，ローマ教皇と対立した。

72 14・15世紀のヨーロッパ

14・15世紀のヨーロッパについて述べた次の文**あ**～**う**が，年代の古いものから順に正しく配列されているものを，下の①～⑥のうちから一つ選べ。

あ カール4世が金印勅書を発し，皇帝選挙制を定めた。
い バラ戦争が終結し，テューダー朝が開かれた。
う 百年戦争で，ジャンヌ=ダルクがオルレアンの包囲を破った。

① あ→い→う　② あ→う→い
③ い→あ→う　④ い→う→あ
⑤ う→あ→い　⑥ う→い→あ

73 中世の社会・経済

西ヨーロッパ世界の商業の発達や都市の勃興に関連して述べた文として正しいものを，次の①～④のうちから一つ選べ。

① 同職ギルド(ツンフト)の手工業親方と職人・徒弟とのあいだには，自由・対等の関係があった。
② 北方商業圏と地中海商業圏の接点にあたる北イタリアでは，大規模な定期市が立つようになった。
③ アウクスブルクのフッガー家やフィレンツェのメディチ家などの大商人が登場した。
④ 自治都市は，王権が弱体であったイギリスでとくに発達した。

74 リューベック

リューベックの位置を示す次の地図中の**a**または**b**と，この都市の歴史について述べた下の文**あ**または**い**との組合せとして正しいものを，下の①～④のうちから一つ選べ。

あ　ハンザ同盟の盟主として，バルト海交易に従事した。

い　東方貿易(レヴァント貿易)で栄えた。

①　**a**―あ

②　**a**―い

③　**b**―あ

④　**b**―い

75 中世ヨーロッパの神学・思想

中世ヨーロッパの神学や思想に関連する事項や出来事について述べた文として**誤っているもの**を，次の①～④のうちから一つ選べ。

① トマス=アクィナスは，『神学大全』を著した。
② 南イタリアのサレルノ大学は，神学で有名であった。
③ アンセルムスは，中世の神学の発展に貢献した。
④ ロジャー=ベーコンは，実験・観察を重視した。

76 中世の文学

12～13世紀頃の南フランスの文学活動について述べた文として正しいものを，次の①～④のうちから一つ選べ。

① カール大帝(シャルルマーニュ)時代の騎士を題材とした『アーサー王物語』が生まれた。
② おもに宮廷をめぐり歩く吟遊詩人による叙情詩の文学が栄えた。
③ ラブレーが『ガルガンチュアとパンタグリュエルの物語』を著し，王権を風刺した。
④ 騎士道物語の典型として『ニーベルンゲンの歌』が生まれた。

V ルネサンス以降の近代欧米

77 イタリア=ルネサンス

イタリア＝ルネサンスについて述べた文として正しいものを，次の①～④のうちから一つ選べ。

① ダンテの『神曲』は，トスカナ地方の言葉を用い，イタリア国民文学の先駆となった。
② ペトラルカは，とりわけ叙事詩に秀でていた。
③ マキァヴェリの『君主論』は，政治における権謀術数を攻撃した。
④ レオナルド=ダ=ヴィンチの代表作の一つに，「最後の審判」がある。

78 ルネサンス期のイタリア

ルネサンス期のイタリアについて述べた文として**誤っているもの**を，次の①～④のうちから一つ選べ。

① 東方(レヴァント)貿易に支えられた都市の繁栄が，市民文化を生む経済的基盤であった。
② 先進的なイスラーム文化を早くから受容していた。
③ 学芸の保護者である豪商や君主のもとで，ルネサンスはしだいに貴族的な宮廷文化の様相を濃くした。
④ 16世紀前半に，ルネサンスの中心はローマからフィレンツェに移った。

79 ルネサンス期の文学

ルネサンス期の文学について述べた文として**誤っているもの**を，次の①～④のうちから一つ選べ。

① ネーデルラントのエラスムスは，『ユートピア』を著して，教会の腐敗を風刺した。
② イギリスのシェークスピアは，『ハムレット』などの悲劇や喜劇・史劇などを著した。
③ スペインのセルバンテスは，『ドン=キホーテ』で，騎士的人物の時代錯誤を通して社会を風刺した。
④ フランスのラブレーは，『ガルガンチュアとパンタグリュエルの物語』を著し，人間の生活と精神を鋭く観察した。

80 大航海時代

大航海時代について述べた文として**誤っているもの**を，次の①～④のうちから一つ選べ。

① マゼラン(マガリャンイス)は，ポルトガル王の命を受けて大西洋を南下した。
② トスカネリの地球球体説は，コロンブスの航海に影響を与えた。
③ ポルトガルの「航海王子」エンリケは，アフリカ西海岸の探検を行わせた。
④ コロンブスは，スペイン女王イサベルの援助を得て航海を行った。

81 大航海時代のポルトガル

大航海時代のポルトガルについて述べた文として正しいものを，次の①～④のうちから一つ選べ。

① ポルトガルは，マドラスをアジア貿易の拠点とし，マカオにも居住権を得た。
② ポルトガルは，アジア・アフリカ経営と同時に，西インド諸島経営にも携わった。
③ ポルトガルの対アジア貿易における主要な商品は，砂糖であった。
④ 16世紀前半のポルトガルの都リスボンは，世界商業の中心地の一つであった。

82 古代アメリカ文明

古代アメリカ文明について述べた文として**誤っているもの**を，次の①～④のうちから一つ選べ。

① インカ帝国では，文字のかわりにキープ(結縄)が使われた。
② アステカ文明は，コルテスに滅ぼされた。
③ オルメカ文明は，メキシコ湾岸に栄えた。
④ テオティワカン文明は，アンデス地域に栄えた。

83 ルターとカルヴァン

ルターとカルヴァンに関連して述べた文として**誤っているもの**を，次の①～④のうちから一つ選べ。

① ルターは「九十五カ条の論題」を発表して，贖宥状(免罪符)の販売を批判した。
② ルターは，教皇の権威を是認し，聖書を信仰の拠(よ)りどころとした。
③ カルヴァンは，来世で救われるか否かは，神のあらかじめ定めるところであるとした。
④ カルヴァンの教えを受け入れた人々は，勤労の成果としての富の蓄積は許されるとした。

84 イギリスの宗教改革

イギリスの宗教改革について述べた文として正しいものを，次の①～④のうちから一つ選べ。

① ヘンリ８世は，議会の同意を得ずに，イギリス国教会を成立させた。
② メアリ１世は，国王至上法(首長法)を制定してカトリック教徒を弾圧した。
③ イギリス国教会は，カルヴァン派の長老制度を採用した。
④ エリザベス１世は，統一法を制定して，イギリス国教会を定着させた。

85 対抗宗教改革(反宗教改革)

宗教改革に対抗してカトリック教会が開いた公会議，およびこの頃創設されたイエズス会(ジェズイット教団)に関連して述べた文として**誤っているもの**を，次の①～④のうちから一つ選べ。

① この公会議は，トリエント(トレント)で開かれた。
② この公会議では，教皇の権威とカトリックの教義が再確認された。
③ イエズス会(ジェズイット教団)は，オランダ人イグナティウス=ロヨラらによって設立された。
④ イエズス会(ジェズイット教団)は，アジア・ラテンアメリカなどに積極的に布教を行った。

86 宗教対立

神聖ローマ帝国内部における16世紀の宗教対立に関連して述べた文として正しいものを，次の①～④のうちから一つ選べ。

① 新教諸侯が皇帝とユグノー戦争を戦った。
② 当時の神聖ローマ皇帝は，ホーエンツォレルン家のカール５世であった。
③ 新教諸侯は，シュマルカルデン同盟を組織して，皇帝に対抗した。
④ アウクスブルクの宗教和議で，神聖ローマ帝国内部における個人の信仰の自由が認められた。

87 16世紀のスペイン

16世紀のスペインについて述べた文として正しいものを，次の①～④のうちから一つ選べ。

① スペイン王フェリペ２世は，神聖ローマ皇帝に選ばれた。
② 16世紀前半に，インドのゴアを植民地とした。
③ 16世紀中頃，ネーデルラントの新教徒を迫害した。
④ 無敵艦隊は，北イタリア諸都市の海軍に敗れた。

88 16・17世紀のオランダ

オランダの台頭と繁栄について述べた文として**誤っているもの**を，次の①～④のうちから一つ選べ。

① ネーデルラントでは，カルヴァン派の信仰が広まった。
② 独立を達成したオランダは，オラニエ(オレンジ)公を国王とし，強力な中央集権体制をとった。
③ オランダは，アフリカ南端にケープ植民地を開いて，対アジア貿易の中継地とした。
④ 画家レンブラントは，市民の肖像画などをのこした。

89 エリザベス1世

エリザベス1世に関連して述べた文として正しいものを，次の①～④のうちから一つ選べ。

① 統一法を出してイギリス国教会を確立した。
② エリザベス1世の迫害を逃れたユグノーは，アメリカ大陸へ渡った。
③ エリザベス1世の時代に活躍した哲学者に，ロジャー＝ベーコンがいる。
④ オスマン帝国の無敵艦隊(アルマダ)を破った。

90 リシュリュー

リシュリューについて述べた文として正しいものを，次の①～④のうちから一つ選べ。

① アンリ4世の宰相で，サンバルテルミ(聖バーソロミュー)の虐殺を行った。
② ルイ13世の宰相で王権の強化につとめ，三十年戦争に干渉した。
③ ルイ14世の幼年時代の摂政で，フロンドの乱を鎮圧した。
④ ルイ15世の摂政で，七年戦争でオーストリアと同盟した。

91 17世紀のイギリス

17世紀のイギリスについて述べた文として**誤っているもの**を，次の①～④のうちから一つ選べ。

① ジェームズ1世は，旧教徒を保護してイギリス国教徒を弾圧した。
② 権利の請願では，王が議会の承認なしには租税を徴収しないことが要求された。
③ チャールズ1世は，ピューリタン革命で実権を握った独立派のクロムウェルによって処刑された。
④ 名誉革命のさいの権利の章典において，議会の承認をへない課税の違法性が確認された。

92 17・18世紀のイギリスの政治・思想

17・18世紀のイギリスの政治や政治思想について述べた文として正しいものを，次の①～④のうちから一つ選べ。

① ロックは『統治二論』(『市民政府二論』)を著し，抵抗権(革命権)を主張した。
② トーリ党のウォルポール首相の時代に，責任内閣制が確立したとされる。
③ ホッブズは社会契約説を批判し，人間社会の自然状態を賛美した。
④ アン女王時代に，イギリスはアイルランドを併合した。

93 三十年戦争

三十年戦争について述べた文として正しいものを，次の①～④のうちから一つ選べ。

① スウェーデン王グスタフ=アドルフは，カトリック陣営の中心となって戦った。
② スペイン王カルロス１世は，カトリック陣営を支援した。
③ ヴァレンシュタインは，プロテスタント陣営の傭兵を率いて戦った。
④ フランスの宰相リシュリューは，プロテスタント陣営を支援した。

94 プロイセンの支配階層

18世紀のプロイセンの官僚制度を支えた階層とその役割について述べた文として正しいものを，次の①～④のうちから一つ選べ。

① ブルジョワジーが上級官職を独占し，国政を担った。
② ユンカーを中心に，軍事色の濃い国家が築かれた。
③ 地方行政を行ううえで，ジェントリが重要な役割を果たした。
④ 治安維持と領土の拡大に，コサックが役割を果たした。

95 七年戦争

七年戦争について述べた文として**誤っているもの**を，次の①～④のうちから一つ選べ。

① オーストリア・ロシア・フランスとプロイセン・イギリスの戦いであった。
② プロイセンは，シュレジエン(シレジア)を確保した。
③ イギリスとフランスは，この期間インドのプラッシーでも戦った。
④ ヨーゼフ２世のプロイセンに対する復讐戦であった。

96 17世紀のロシア

17世紀のロシアについて述べた文として正しいものを，次の①～④のうちから一つ選べ。

① ミハイル=ロマノフは，ロマノフ朝を開いた。
② 北方戦争で，ピョートル大帝(１世)はスウェーデンに勝利を収めた。
③ ステンカ=ラージンの率いる貴族反乱が鎮圧された。
④ 新都ペテルブルク(サンクト=ペテルブルク)が建設された。

97 エカチェリーナ２世

ロシアのエカチェリーナ２世の治世に起こった事柄について述べた文として正しいものを，次の①～④のうちから一つ選べ。

① ムラヴィヨフが日本に派遣され，ロシアと日本の通商が開始された。
② ロシア・プロイセン・オーストリアによってポーランドが分割された。
③ ネルチンスク条約によってロシアと清の国境が画定された。
④ ブハラ(ボハラ)=ハン国・ヒヴァ=ハン国・コーカンド=ハン国がロシアの保護国となった。

98 七年戦争・フレンチ=インディアン戦争

七年戦争・フレンチ=インディアン戦争について述べた文として正しいものを，次の①～④のうちから一つ選べ。

① この戦争に敗れたスペインは，北アメリカでルイジアナを失った。
② この戦争の結果，フランスは中米地域において覇権を確立した。
③ この戦争ののち，イギリスは北米植民地で課税強化をはかった。
④ この戦争に勝利したオランダは，南アフリカに植民地を獲得した。

99 ヨーロッパ諸国の東南アジア進出

16・17世紀の東南アジアについて述べた文として正しいものを，次の①～④のうちから一つ選べ。

① オランダは，ヨーロッパ諸国のなかでは最も早く東南アジアに進出した。
② フランスは，アンボイナ事件でマルク(モルッカ)諸島から締め出された。
③ イギリスは，マラッカを占領した。
④ スペインは，マニラをアジア貿易の拠点とした。

100 北アメリカ大陸の植民地

北アメリカ大陸の植民地について述べた文として正しいものを，次の①～④のうちから一つ選べ。

① オランダ領のニューアムステルダムは，17世紀後半，イギリスに奪われた。
② フランス領のルイジアナのうち，ミシシッピ川以東の地域は，17世紀末にイギリスに割譲された。
③ 初期のニューイングランドでは，宗教的にはカトリックが優勢であった。
④ ヴァージニアなどのイギリス領植民地では，先住民(インディアン)をおもな労働力とするタバコ=プランテーションが成立した。

101 ヨーロッパの自然科学

ヨーロッパの自然科学に関連して述べた文として正しいものを，次の①～④のうちから一つ選べ。

① フランシス=ベーコンは，個別事象の観察を重視する帰納法を確立した。
② コペルニクスは，ニュートンの力学を基礎に，地動説を立証した。
③ ハーヴェーは，動植物，とりわけ植物の分類学を確立した。
④ ボイルは，質量不変の法則を発見した。

102 17・18世紀の美術・建築

絶対主義時代の美術・建築に関連して述べた文として**誤っているもの**を，次の①～④のうちから一つ選べ。

① フランドルの画家ルーベンスは，バロック絵画の代表者の一人である。
② フランスの画家ワトーは，ロココ式の田園画をのこした。
③ ルイ14世は，バロック様式のヴェルサイユ宮殿を建てた。
④ オーストリアのマリア=テレジアは，ロココ式のサンスーシ宮殿を建てた。

103 アメリカ独立戦争の背景

七年戦争後の北アメリカ植民地では，印紙法などのイギリス本国の課税に対する住民の反感が，独立戦争への引き金となった。これに関連して述べた文として正しいものを，次の①～④のうちから一つ選べ。

① 印紙法は，植民地人の強い反対にもかかわらず撤廃されなかったため，本国への反感が決定的になった。
② 課税政策は，七年戦争の戦費支出に苦しんだ本国が，戦費の一部負担を植民地人に求めたものであった。
③ 茶法は，東インド会社の貿易特権を廃止する代わりに，植民地に高率の茶税を課すものであった。
④ トマス=ペインは『コモン=センス』を著し，その中で「代表なくして課税なし」と主張した。

104 アメリカ独立革命

アメリカ独立革命について述べた文として正しいものを，次の①～④のうちから一つ選べ。

① 独立戦争が始まると，13植民地はアメリカ独立宣言を発表した。
② ジェファソンが13植民地の軍の総司令官に任命された。
③ 武装中立同盟にイギリスが参加した。
④ ヨークタウンの戦いでイギリス軍が勝利した。

105 フランス革命

フランス革命の時期の議会や政府について述べた文として正しいものを，次の①～④のうちから一つ選べ。

① 国民議会(憲法制定国民議会)は，オーストリアに宣戦を布告し，戦争を開始した。
② 立法議会は，ブリュメール18日のクーデタによって倒された。
③ 国民公会は，革命暦(共和暦)を制定した。
④ 総裁政府は，国王を処刑し，共和政を宣言した。

106 ナポレオン戦争

ナポレオン戦争に関連した記述として正しいものを，次の文①～④のうちから一つ選べ。

① ナポレオン１世は，トラファルガーの海戦に勝利したのち，大陸封鎖令を発した。
② アメリカ合衆国は終始中立を守り，いっさい戦争をしなかった。
③ プロイセンでは，シュタイン・ハルデンベルクによる政治上の改革が行われた。
④ 戦後の処理を定めたウィーン会議の決定によって，南ネーデルラント(のちのベルギー)はオーストリア領となった。

107 イギリスの産業革命

イギリスの産業革命について述べた文として正しいものを，次の①～④のうちから一つ選べ。

① カートライトは，飛び杼(ひ)(梭)を発明して綿布の増産に貢献した。
② ハーグリーヴズは，木炭のかわりにコークスを利用した製鉄法を発明した。
③ ワットの蒸気機関は，紡績機や織機の動力に利用された。
④ アークライトのミュール紡績機は，細糸を製造することに適していた。

108 18・19世紀のイギリス社会

18世紀から19世紀前半までのイギリスの社会について述べた文として正しいものを，次の①～④のうちから一つ選べ。

① 機械を大規模に導入したマニュファクチュアが普及した。
② 議会は，農民が囲い込みによって土地を追われることを阻止した。
③ 工業化にともない，マンチェスターなどの都市が急速に発展した。
④ 社会主義の実現をめざす労働者の政党が成立した。

Ⅵ ウィーン体制とナショナリズムの時代

109 ウィーン会議とウィーン体制

ウィーン会議とウィーン体制について述べた文として**誤っているもの**を，次の①～④のうちから一つ選べ。

① 会議を主導したロシア・オーストリア・プロイセン・イギリスは，四国同盟を結んだ。
② 会議の結果，正統主義によって神聖ローマ帝国が復活した。
③ 会議で新たに海外植民地を獲得したイギリスは，さらに市場の拡大をねらってラテンアメリカ諸国の独立を援助した。
④ オスマン帝国からのギリシア独立にさいして，ロシア・イギリス・フランスはこれを支援した。

110 フランス七月革命

フランス七月革命について述べた文として正しいものを，次の①～④のうちから一つ選べ。

① 七月革命によって，国王ルイ=フィリップが追放された。
② 七月革命によって成立した政府は，男性普通選挙制度を実施した。
③ 七月革命の影響を受けて，ベルギーがオランダから独立した。
④ 七月革命の影響を受けて，ドイツでブルシェンシャフトが結成された。

111 フランス二月革命

フランス二月革命について述べた文として正しいものを，次の①～④のうちから一つ選べ。

① 1848年２月に新たな課税への反対をきっかけにして，パリで暴動が起こった。
② パリの暴動が激化した結果，シャルル10世は逃亡し，七月王政は崩壊した。
③ 共和派の自由主義者とルイ=ブランらの社会主義者とからなる臨時政府が組織された。
④ 四月普通選挙の結果，政府に社会主義者が増えたため，脅威を感じた農民は六月蜂起を起こした。

112 ドイツ三月革命

ドイツ三月革命に関連して述べた文として正しいものを，次の①～④のうちから一つ選べ。

① ウィーンで暴動が起こり，オーストリアは共和政となった。
② ベルリンで暴動が起こり，宰相メッテルニヒは亡命した。
③ ドイツの統一を論議するため，フランクフルト国民議会が開かれた。
④ 三月革命を機にドイツ関税同盟が結成され，経済面での統一が実現されることとなった。

113 穀物法

イギリスにおける穀物法とその廃止について述べた文として**誤っているもの**を，次の①～④のうちから一つ選べ。

① 穀物法は，穀物の輸出を禁じた法である。
② 産業資本家の発言力の高まりによって，穀物法は廃止された。
③ コブデンやブライトは，穀物法の廃止運動を推進した。
④ 穀物法廃止後には，航海法も廃止された。

114 フランス第三共和政

フランス第三共和政について述べた文として**誤っているもの**を，次の①～④のうちから一つ選べ。

① パリでは，臨時政府に不満な民衆が，パリ=コミューンと呼ばれる自治政府を組織した。
② ユダヤ系軍人ドレフュス大尉への判決をめぐって，世論が二分された。
③ ドイツに対する復讐（ふくしゅう）を主張するブーランジェ将軍に対する，クーデタの期待が高まった。
④ 第三共和政は，第一次世界大戦中にフランスがドイツに占領されて崩壊した。

115 ヨーロッパのナショナリズム

ヨーロッパのナショナリズムの運動について述べた文として正しいものを，次の①～④のうちから一つ選べ。

① ドイツでは，農民政党であるブルシェンシャフトの運動がさかんになった。
② ハンガリーでは，コシューシコを中心とする民族運動が高揚した。
③ ポーランドでは，フランスの支配からの独立をめざす反乱が起こった。
④ マッツィーニは，イタリア統一を目標にかかげて「青年イタリア」を結成した。

116 イタリア統一運動

サルデーニャ王国を中心とするイタリア統一運動について述べた文として正しいものを，次の①～④のうちから一つ選べ。

① 国王ヴィットーリオ=エマヌエーレ２世のもとで，首相カヴールが統一を推進した。
② フランスのナポレオン３世に統一運動への協力を求めたが，拒否された。
③ クリミア戦争を利用して，ヴェネツィアを併合した。
④ オーストリアにサヴォイアとニースを割譲し，中部イタリアを併合した。

117 イタリア王国の領土拡大

イタリア王国の領土拡大について述べた文として正しいものを，次の①～④のうちから一つ選べ。

① シチリアは，イタリア王国成立後にガリバルディによって征服され，イタリア王に献じられた。
② ロンバルディアは，プロイセン=オーストリア(普墺)戦争の結果，イタリア王国に併合された。
③ トリエステなどの「未回収のイタリア」は，プロイセン=フランス(普仏，ドイツ=フランス)戦争の結果，イタリア王国に併合された。
④ 教皇領をめぐる教皇とイタリア王国との対立は，ムッソリーニ政権時代に解消された。

118 ビスマルクとドイツ帝国

ビスマルクとドイツ帝国について述べた文として正しいものを，次の①～④のうちから一つ選べ。

① ビスマルクは，プロイセン＝オーストリア(普墺)戦争でオーストリアに敗れ，統一ドイツへのオーストリア編入を断念した。
② ビスマルクは，プロイセン＝フランス（普仏，ドイツ＝フランス）戦争でフランスを破った。
③ ドイツ皇帝ヴィルヘルム１世は，即位後にビスマルクと対立し，退任させた。
④ ドイツ帝国は，オーストリア・フランスとともに三国同盟を結成した。

119 フロンティア開拓

アメリカ合衆国におけるフロンティア開拓について述べた文として**誤っているもの**を，次の①～④のうちから一つ選べ。

① アメリカ=メキシコ戦争に勝利したアメリカ合衆国は，カリフォルニアをメキシコから獲得した。
② フロンティア開拓は，「明白な天命」によって正当化された。
③ 先住民(インディアン)はその居住地を奪われ，保留地に強制移住させられた。
④ 西部への入植を促進するために，モンロー教書が出された。

120 南北戦争

南北戦争に関連して述べた文として正しいものを，次の①～④のうちから一つ選べ。

① この戦争中，北部の首都はリッチモンドに置かれた。
② リンカン大統領は，アメリカ連合国の大統領となった。
③ 南部は，自由貿易と奴隷制の存続を主張した。
④ 南軍は，ゲティスバーグの戦いに勝利した。

121 南北戦争後から19世紀末までのアメリカ合衆国

南北戦争後19世紀末までのアメリカ合衆国の状況について述べた文として**誤っているもの**を，次の①～④のうちから一つ選べ。

① 黒人奴隷は解放され，多くが自営農になった。
② 大陸横断鉄道が開通した。
③ フロンティアの消滅が発表された。
④ 独占資本を規制するための反トラスト法が制定された。

122 19世紀のロシア

19世紀のロシアについて述べた文として正しいものを，次の①～④のうちから一つ選べ。

① エカチェリーナ２世の治世下で，カルボナリが結成された。
② ニコライ１世の治世下で，プガチョフの反乱が起こった。
③ アレクサンドル２世の治世下で，農奴解放令が出された。
④ ニコライ２世の治世下で，国会が開設された。

123 ロシアと北アメリカ

ロシア帝国と北アメリカの国や地域との関係について述べた文として正しいものを，次の①～④のうちから一つ選べ。

① 18世紀前半にロシア帝国は，イェルマークにアラスカを探検させた。
② アメリカ独立戦争が始まると，ロシア帝国はアメリカ植民地の独立を支持し，イギリスに宣戦を布告した。
③ 19世紀後半にロシア帝国は，アメリカ合衆国にアラスカを売却した。
④ 太平洋岸に進出したロシア帝国は，アメリカ合衆国の仲介で，中国とポーツマス条約を結んだ。

124 ロシア=トルコ(露土)戦争

ロシア=トルコ(露土)戦争について述べた文として正しいものを，次の①～④のうちから一つ選べ。

① この戦争は，オスマン帝国を助けた英仏両国とロシアとのあいだで戦われ，パリ講和条約で終結した。
② この戦争の結果，ロシアのバルカン半島への進出を認めたサン=ステファノ条約が結ばれた。
③ この戦争の結果，ベルリン会議が開催され，オーストリアは，セルビア・ルーマニア・モンテネグロの統治権を獲得した。
④ この戦争に敗れたオスマン帝国は，イスタンブルをのこして，ヨーロッパ大陸の領土をすべて失った。

125 19世紀以降の医学や科学上の業績

19世紀以降の医学や科学上の業績について述べた文として正しいものを，次の①～④のうちから一つ選べ。

① フランスのキュリー夫妻は，X線を発見した。
② ドイツのコッホは，細菌学の研究を行った。
③ オーストリアのメンデルは，相対性理論を提唱した。
④ イギリスのファラデーは，エネルギー保存の法則を発見した。

126 写実主義・自然主義の文学

写実主義(現実主義，リアリズム)・自然主義の文学について述べた文として正しいものを，次の①～④のうちから一つ選べ。

① トルストイは，『罪と罰』において，ナポレオン戦争期のロシア社会を描いた。
② ディケンズは，『赤と黒』において，上流階級に対する主人公の心理を通じて時代と社会を描いた。
③ ヴィクトル＝ユゴーは，『レ=ミゼラブル』において，没落する貴族の悲哀を描いた。
④ ゾラは，『居酒屋』において，パリの下層労働者の悲惨な世界を描いた。

127 19世紀の歴史学・社会科学・哲学

19世紀のヨーロッパの歴史学・社会科学・哲学について述べた文として正しいものを，次の①～④のうちから一つ選べ。

① ダーウィンは，厳密な史料批判の方法によって，近代歴史学の基礎を築いた。
② ニーチェは，「最大多数の最大幸福」を唱えて功利主義の哲学を創始した。
③ アダム=スミスは，『諸国民の富(国富論)』を著して，古典派経済学を創始した。
④ マルクスは，唯物史観(史的唯物論)を唱えた。

128 1890年前後のアメリカ合衆国

1890年前後のアメリカ合衆国について述べた文として正しいものを，次の①～④のうちから一つ選べ。

① セオドア=ローズヴェルト大統領のもとで，グアムを獲得した。
② 植民地獲得のため，ローズをアフリカへ派遣した。
③ パン=アメリカ会議を開き，ラテンアメリカ諸国への影響力を強めた。
④ フランスからキューバを購入した。

129 第一次世界大戦前のロシア

第一次世界大戦前のロシアについて述べた文として**誤っているもの**を，次の①～④のうちから一つ選べ。

① 露仏同盟の成立と並行して，ロシアには大量のフランス資本が導入された。
② パン=スラヴ主義を掲げてバルカンに進出し，バルカン同盟と対立した。
③ 血の日曜日事件は，第１次ロシア革命の契機となった。
④ 第１次ロシア革命後，ストルイピンは土地改革に着手した。

Ⅶ 欧米諸国の侵略

130 19世紀のイスラーム世界

19 世紀のイスラーム世界について述べた文として正しいものを，次の①～④のうちから一つ選べ。

① カージャール朝は，ロシアと不平等条約のトルコマンチャーイ条約を結んだ。
② オスマン帝国では，アブデュルメジト１世によってミドハト憲法が発布された。
③ エジプトには，イギリスとフランスの資本によってスエズ運河が建設された。
④ アラビア半島では，イギリス資本に対するタバコ=ボイコット運動が起こった。

131 イギリスのインド支配

イギリスのインド支配について述べた文として正しいものを，次の①～④のうちから一つ選べ。

① プラッシーの戦いに勝利して，18世紀後半から全インドを直接統治した。
② シパーヒーの反乱が起こると，ムガル帝国を復活させた。
③ インドの農民から直接徴税するザミンダーリー制を行った。
④ インド帝国成立後，インド国民会議を発足させた。

132 東南アジアの植民地化

東南アジアの植民地化について述べた文として正しいものを，次の①～④のうちから一つ選べ。

① フランスは，ベトナムからマレー半島までをフランス領インドシナ連邦として支配した。
② ポルトガルは，ジャワ島で強制栽培制度を行って大きな利益を上げた。
③ ドイツは，19世紀末までフィリピンを植民地として領有した。
④ イギリスは，コンバウン(アラウンパヤー)朝を滅ぼしてミャンマー(ビルマ)を植民地とした。

133 アフリカの植民地化と抵抗

ヨーロッパ諸国のアフリカ侵略とそれへの抵抗に関連して述べた文として正しいものを，次の①～④のうちから一つ選べ。

① 「エジプト人のためのエジプト」を掲げたウラービー運動を鎮圧したイギリスは，エジプトを事実上の保護国とした。
② スーダンでは，ムハンマド=アフマドに率いられたイスラーム教徒のマフディー派が，イタリアに対する抵抗をつづけた。
③ エチオピアは，侵入してきたイギリス軍をアドワの戦いで破った。
④ 白人系植民者を中心とするトランスヴァール共和国は，戦争に敗れて，オランダ領となった。

134 太平洋の植民地分割

オセアニアにおける植民地分割について述べた文として正しいものを，次の①～④のうちから一つ選べ。

① イギリスは，先住民のマオリ人を支配して，オーストラリアを植民地化した。
② ニューギニアは，オランダ・ドイツ・イギリスによって支配された。
③ ハワイは，アメリカ合衆国がスペインから獲得した。
④ ニュージーランドは，オランダの自治領となった。

135 イギリスと清の貿易

18世紀以降のイギリスと清との貿易について述べた文として正しいものを，次の①～④のうちから一つ選べ。

① 清は，貿易港を泉州のみに限り，特許商人の公行(コホン)に独占させた。
② イギリスは貿易上の制約撤廃交渉のために，ゴードンを清に派遣した。
③ イギリス側では，1842年まで一貫して，東インド会社が貿易権を独占した。
④ 清へのアヘン輸出は，イギリスが展開した三角貿易の一環として行われた。

136 アヘン戦争

アヘン戦争について述べた文として正しいものを，次の①～④のうちから一つ選べ。

① イギリスは，洪秀全のアヘン取締りを契機に開戦した。
② 曾国藩や李鴻章の結成した郷勇が，イギリス軍と戦った。
③ 清は，南京条約でイギリスにマカオを割譲した。
④ アメリカ合衆国は清と望厦条約を結び，イギリスと同様な権利を得た。

137 太平天国

太平天国について述べた文として正しいものを，次の①～④のうちから一つ選べ。

① 太平天国は，「扶清滅洋」をスローガンにしていた。
② イギリスとフランスは，アロー号事件を契機に，太平天国との戦争を始めた。
③ 外国人が指揮する常勝軍は，太平天国と戦った。
④ 太平天国とイギリス・フランスとのあいだで，北京条約が結ばれた。

138 ロシアと清

ロシアと清との関係について述べた文として正しいものを，次の①～④のうちから一つ選べ。

① 清は，清露間の北京条約によって沿海州をロシアに割譲した。
② 清は，トルコマンチャーイ条約によってロシアに治外法権を認めた。
③ ロシアは，キャフタ条約によってサハリン(樺太)を領有した。
④ ロシアは，ネルチンスク条約によってイリ地方を清に返還した。

139 洋務運動

洋務運動について述べた文として**誤っているもの**を，次の①～④のうちから一つ選べ。

① 欧米諸国から，近代的な産業技術を導入することをはかった。
② 当時の元号にちなむ「同治中興」という安定期を実現した。
③ 太平天国の鎮圧を機に台頭した漢人官僚が，近代化政策を推進した。
④ 不平等条約を改定し，欧米諸国と対等の外交関係を樹立していた。

140 康有為

康有為について述べた文として正しいものを，次の①～④のうちから一つ選べ。

① 康有為は「中体西用」を唱え，当時の排外主義運動を指導した。
② 康有為の思想は，清朝の打倒をめざした太平天国の運動に大きな影響を与えた。
③ 康有為は，日本にならって立憲君主政を導入することなどを内容とした戊戌の変法を推し進めた。
④ 康有為による改革運動は，光緒帝と結んだ保守派の弾圧によって失敗した。

141 義和団事件と日露戦争

義和団事件と日露戦争について述べた文として正しいものを，次の①～④のうちから一つ選べ。

① 義和団事件によって，列強の利権拡大は阻止された。
② 日本は，義和団事件にさいして中立の立場を維持した。
③ 中国東北地方と朝鮮の支配をめぐって，日露戦争が起こった。
④ 日露戦争は，海外膨張政策をとっていたイギリスの調停によって決着した。

142 1870年代の朝鮮・琉球

1870年代の朝鮮・琉球について述べた文として**誤っているもの**を，次の①～④のうちから一つ選べ。

① 朝鮮王朝は，清朝を宗主国としていた。
② イギリスは，武力を背景に朝鮮を開国させた。
③ 日本は，琉球人の殺害事件を理由に，台湾に出兵した。
④ 琉球は，沖縄県として日本に編入された。

143 清朝の滅亡

清朝の滅亡に関連して述べた文として正しいものを，次の①～④のうちから一つ選べ。

① 清朝の滅亡後，武昌蜂起が起こり，辛亥革命が起こった。
② 清朝最後の皇帝である光緒帝は，日本軍によって満州国皇帝となった。
③ 中華民国が建国されると，孫文は臨時大総統となって南京に首都を置いた。
④ 袁世凱は，国民党の支持を受けて帝政運動を展開した。

144 第一次世界大戦前のバルカン半島

第一次世界大戦前のバルカン半島の状況について述べた文として正しいものを，次の①～④のうちから一つ選べ。

① ブルガリアは，青年トルコ革命をきっかけに，独立を宣言した。
② イタリアは，トルコとの戦争に勝利して，アルバニアの保護権を獲得した。
③ セルビアは，スラヴ系住民の多いボスニア・ヘルツェゴヴィナを占領した。
④ オスマン帝国は，2回のバルカン戦争で連敗し，バルカン半島内の領土をすべて失った。

145 第一次世界大戦前の国際関係

第一次世界大戦開始までの国際関係について述べた文として正しいものを，次の①～④のうちから一つ選べ。

① 三国同盟は，ドイツ・オーストリア・ブルガリア間の軍事同盟であった。
② 日露戦争後の日露協約では，両国の勢力範囲が取り決められた。
③ 再保障条約は，ロシアとフランスのあいだの秘密同盟であった。
④ 英仏協商では，モロッコでのイギリスの優位が承認された。

Ⅷ 第一次世界大戦と戦間期

146 第一次世界大戦の勃発

第一次世界大戦開戦時のヨーロッパ諸国について述べた文として正しいものを，次の①～④のうちから一つ選べ。

① フランスでは，第五共和政が成立し，大統領権限が強化された。
② ドイツでは，反戦運動のリーダーであったカール=リープクネヒトらが暗殺された。
③ イタリアは，三国同盟の一員であるにもかかわらず，中立政策をとった。
④ イギリスでは，チャーチルを首相として，挙国一致内閣が成立した。

147 第一次世界大戦中のヨーロッパ

第一次世界大戦中のヨーロッパの主要参戦国について述べた文として**誤っているもの**を，次の①～④のうちから一つ選べ。

① 開戦直後，各国の社会主義政党は一斉に反戦運動を展開した。
② 消費物資の生産や流通がとどこおり，食料不足や物価上昇が起こる国もあった。
③ 軍需工場で女性が武器などの生産に従事する国もあった。
④ 国民のあいだに厭戦(えんせん)気分が広がり，革命に発展する国があった。

148 第一次世界大戦と諸国・諸地域

第一次世界大戦が「世界大戦」となったのは，同盟関係にある国々や植民地を巻き込んで戦争が世界規模で展開されたためである。これに関連して述べた文として正しいものを，次の①～④のうちから一つ選べ。

① インドは，イギリスからの独立を達成するために，ドイツに協力した。
② 日本は日英同盟にもとづいて参戦し，中国にあったフランスの租借地を占領した。
③ オスマン帝国支配下のアラブ人に対して，イギリスは戦後の独立を約束して協力を求めた。
④ 戦争の勃発と同時に，アメリカ合衆国は連合国(協商国)の側に立って参戦した。

149 第一次世界大戦の新兵器

第一次世界大戦の新兵器に関連して述べた文として**誤っているもの**を，次の①～④のうちから一つ選べ。

① 毒ガスが，塹壕戦で使われた。
② 戦車が，塹壕を突破するために開発された。
③ 飛行機が，偵察や爆撃などのために使われた。
④ 無制限潜水艦作戦が，アメリカ合衆国によって実施された。

150 ロシア革命

ロシア革命期のソヴィエト政権とボリシェヴィキについて述べた文として正しいものを，次の①～④のうちから一つ選べ。

① ソヴィエト政権は，祖国防衛のため，戦争継続を訴えた。
② ソヴィエト政権は，「土地に関する布告」を発し，地主の土地の没収を宣言した。
③ ボリシェヴィキは，ロシア十月(十一月)革命直後の憲法制定会議で第一党となった。
④ ボリシェヴィキは，ロシア十月(十一月)革命後，メンシェヴィキと合同して解散した。

151 ソヴィエト政権の対外関係

ソヴィエト政権の対外関係に関する文として**誤っているもの**を，次の①～④のうちから一つ選べ。

① ソヴィエト政権の「平和についての布告」は，アメリカ合衆国大統領ウィルソンの十四カ条の影響を受けている。
② 無併合・無償金の即時講和を全交戦諸国民と政府に呼びかけた。
③ ドイツと交渉し，ブレスト=リトフスク条約を結んだ。
④ イギリス・フランスなどは，対ソ干渉戦争で反革命軍を援助した。

152 ソヴィエト政権・ソ連の政策

ソヴィエト政権・ソ連の政策について述べた文として正しいものを，次の①～④のうちから一つ選べ。

① 各国の共産主義政党と，第2インターナショナルを結成した。
② 戦時共産主義のもとで，農民からの穀物の徴発が行われた。
③ 新経済政策（ネップ）のもとで，中小企業を含め一切の私企業が禁止された。
④ 第1次五カ年計画のもとで，集団農場のミールが全国的に組織された。

153 パリ講和会議

パリ講和会議について述べた文として正しいものを，次の①～④のうちから一つ選べ。

① この会議によって，オーストリア=ハンガリー帝国の存続が決定された。
② この会議によって成立した国際秩序は，ヴェルサイユ体制と呼ばれている。
③ ドイツは，この会議後もアフリカなどに植民地の一部を保持した。
④ この会議をうけて，連合国はブルガリアとトリアノン条約を結んだ。

154 国際連盟

国際連盟について述べた文として正しいものを，次の①～④のうちから一つ選べ。

① アメリカ合衆国を中心として発足し，運営された。
② 設立時，ドイツやソ連は加盟していなかった。
③ 日本が建国させた「満洲国（満州国）」を承認した。
④ 第一次世界大戦中に発表された大西洋憲章にもとづいて設立された。

155 ワシントン会議

1920 年代に開かれたワシントン会議での決定について述べた文として正しいものを，次の①～④のうちから一つ選べ。

① ドイツの賠償支払年額の軽減を決定した。
② 日英同盟が解消された。
③ ラインラントの現状維持や，平和の相互保障が約束された。
④ 国際紛争を解決する手段としての戦争を否定した。

156 1920年代のアメリカ合衆国の政策

1920年代のアメリカ合衆国の政策について述べた文として最も適当なものを，次の①～④のうちから一つ選べ。

① パナマ運河を建設した。
② ソ連を承認した。
③ 不戦条約(ブリアン・ケロッグ条約)の締結に積極的役割を果たした。
④ 善隣外交によってラテンアメリカ諸国との関係改善をはかった。

157 1920年代のドイツ

1920年代のドイツについて述べた文として**誤っているもの**を，次の①～④のうちから一つ選べ。

① ヴェルサイユ条約に定められた賠償金の支払いの必要があった。
② フランス・ベルギーによるルール占領によって生じた経済的混乱の解決がめざされた。
③ アメリカ合衆国がドーズ案を拒否したため，独自の経済復興が必要となった。
④ インフレーションから立ち直る必要があった。

158 女性の社会的活動

19世紀から20世紀の欧米における女性の社会的活動とその結果について述べた文として**誤っているもの**を，次の①～④のうちから一つ選べ。

① ストウは『アンクル=トムの小屋』を著し，奴隷制廃止論議に大きな影響を及ぼした。

② 南北戦争の結果，アメリカ合衆国では，黒人とともに女性も選挙権を獲得した。

③ イギリスでは，第4回選挙法改正によって女性は選挙権を獲得した。

④ ドイツでは，ローザ=ルクセンブルクがスパルタクス団の指導者となった。

159 イタリアのファシズム政権

イタリアのファシズム政権について述べた文として正しいものを，次の①～④のうちから一つ選べ。

① 第一次世界大戦での敗戦が，イタリアにおけるファシズム台頭の要因となった。

② ムッソリーニのファシスト党は，「ローマ進軍」を行い，政権を獲得した。

③ ファシスト政権の成立によって，イタリアの王政は廃止された。

④ 教皇庁はファシスト政権を承認せず，ムッソリーニと対立しつづけた。

160 戦間期の西アジア

戦間期の西アジアについて述べた文として正しいものを，次の①～④のうちから一つ選べ。

① アフガニスタンは，1919年にロシアのソヴィエト政権から独立を達成した。

② イラクでは，ワフド党を中心とする独立運動が起こった。

③ イブン=サウード（アブド＝アルアジーズ）は，アラビア半島にサウジアラビア王国を樹立した。

④ レザー=ハーンは，フランスの支配を排除して，パフレヴィー朝を樹立した。

161 20世紀前半のインドの民族運動

20世紀前半のインドの民族運動に関連して述べた文として正しいものを，次の①～④のうちから一つ選べ。

① フセイン(フサイン)・マクマホン協定により，第一次世界大戦後の独立が約束されたが，実行されなかった。
② 非暴力・不服従を旨としたガンディーらの運動も，イギリスによって弾圧された。
③ インド国民会議派は英印円卓会議を提唱したが，イギリス側は拒否した。
④ 1935年のインド統治法により，完全自治が保証されることになった。

162 ベトナムの独立運動

ベトナムの独立運動について述べた次の文**あ**と**い**の正誤の組合せとして正しいものを，下の①～④のうちから一つ選べ。

あ ファン=ボイ=チャウらは維新会を結成し，20世紀初頭にドンズー（東遊）運動を開始した。
い ホー=チ=ミンらが結成したインドシナ共産党を中心として，ベトナム独立同盟(ベトミン)が成立した。

① **あ**—正 **い**—正　② **あ**—正 **い**—誤
③ **あ**—誤 **い**—正　④ **あ**—誤 **い**—誤

163 中華民国

中華民国の歴史について述べた文として正しいものを，次の①～④のうちから一つ選べ。

① 1930年代に，国共合作(第１次)が実現した。
② 南京国民政府は，天朝田畝制度を実施した。
③ 蔣介石は，国民革命軍を指揮して北伐を行った。
④ 張学良は，上海でクーデタを起こし，共産党を弾圧した。

164 ニューディール

ニューディール政策に**含まれないもの**を，次の文①～④のうちから一つ選べ。

① 失業対策として，大規模な公共事業を興した。
② ドイツの賠償やヨーロッパ諸国の戦債の支払いを１年間停止した。
③ 政府が産業を統制し，生産の回復をはかった。
④ 農民の購買力を高めるため，農業調整法を制定した。

165 世界恐慌の影響・対策

世界恐慌の影響や対策について述べた文として正しいものを，次の①～④のうちから一つ選べ。

① ドイツは，ワグナー法によって敗戦の賠償支払の一年間延期を認められた。
② ソ連は，この恐慌による経済危機を乗り切るために，ペレストロイカと呼ばれる政策に着手した。
③ イギリスは，イギリス連邦内の関税を低くして連邦外の諸国に高い関税を課す，ブロック経済政策をとった。
④ アメリカ合衆国は，マーシャル=プランによって，独自の恐慌克服策を展開した。

166 ヒトラー政権

ドイツのヒトラー政権について述べた文として正しいものを，次の①～④のうちから一つ選べ。

① 社会主義者鎮圧法を制定した。
② 全権委任法を成立させ，独裁体制を固めた。
③ ラパロ条約を結んで，ソ連と国交を回復した。
④ 国際連盟に加入して，ドイツの国際的地位を回復した。

167 スペイン内乱

スペイン内乱について述べた文として正しいものを，次の①～④のうちから一つ選べ。

① ファシズムに反対する国際義勇軍が組織された。
② イギリスとフランスは，積極的に人民戦線を支援した。
③ ソ連はドイツとの緊張を避けようとして，不干渉の立場をとった。
④ 人民戦線は，フランコ将軍に指導されていた。

168 ヒトラー政権の対外政策

ドイツのヒトラー政権の対外政策に関連して述べた文として**誤っているもの**を，次の①～④のうちから一つ選べ。

① ヴェルサイユ条約を無視して，ザールを編入した。
② ロカルノ条約を破棄して，ラインラントに進駐した。
③ ミュンヘン会談によって，ズデーテン地方を併合した。
④ ミュンヘン会談での合意を無視し，チェコスロヴァキアを解体して支配下に置いた。

169 日中戦争

日中戦争について述べた文として**誤っているもの**を，次の①～④のうちから一つ選べ。

① この戦争のきっかけは，盧溝橋事件であった。
② この戦争以前に，日本は「満州国」を建国した。
③ 中国側は，首都を重慶に移して抵抗をつづけた。
④ この戦争の開始にともない，中国共産党が長征を行った。

170 日本の朝鮮支配

日本の朝鮮支配について述べた文として正しいものを，次の①～④のうちから一つ選べ。

① 朝鮮総督府が置かれ，初代総督として伊藤博文が赴任した。
② 朝鮮は，日本が明治維新以降初めて獲得した海外領土であった。
③ 日本による併合と同時に，創氏改名が実施された。
④ 第二次世界大戦中，日本への強制連行が行われた。

Ⅸ 第二次世界大戦と戦後世界

171 第二次世界大戦

第二次世界大戦について述べた文として正しいものを，次の①～④のうちから一つ選べ。

① ドイツは，バルカン諸国に侵攻して，ハンガリー・ブルガリア・ルーマニアなどを枢軸陣営に引き入れた。
② ド=ゴールは，ヴィシーに自由フランス政府をたてて，対独抗戦を呼びかけた。
③ イタリアは，同盟国ドイツを側面から援助するため，オーストリアを占領した。
④ ソ連は対ドイツ戦に備えるために，中立国のデンマークとノルウェーを占領した。

172 太平洋戦争

太平洋戦争での日本の占領について述べた文として正しいものを，次の①～④のうちから一つ選べ。

① 東南アジアの資源の確保が，日本による占領の主要目的であった。
② 日本は，オーストラリア全域を占領した。
③ インドネシアは，フランスの支配から日本占領下に移った。
④ 東南アジアでは，ビルマ(ミャンマー)だけが日本の占領をまぬがれた。

173 カイロ会談とポツダム会談

カイロ会談とポツダム会談について述べた文として正しいものを，次の①～④のうちから一つ選べ。

① カイロ会談には中国の代表が参加し，台湾の返還が決定された。
② カイロ会談には，ソ連のスターリンが参加した。
③ ポツダム会談では，日本とドイツに対する降伏を求めることを決定した。
④ ポツダム会談は，アメリカ合衆国のフランクリン=ローズヴェルトが主導した。

174 国際連合

国際連合について述べた文として正しいものを，次の①～④のうちから一つ選べ。

① パリ講和会議で，国際連合憲章が採択された。
② 第二次世界大戦中，日本が降伏する前に発足した。
③ 朝鮮戦争への国連軍の派遣は，安全保障理事会で否決された。
④ 1990年代初めに，地球サミット(国連環境開発会議)を開催した。

175 戦後の国際秩序

自由貿易体制と国際連合とを基礎とする戦後の国際秩序について述べた文として正しいものを，次の①～④のうちから一つ選べ。

① 為替の安定をめざして，国際通貨基金(IMF)が設立された。
② 国際連合は，平和維持のために安全保障理事会を設け，すべての理事国に拒否権を与えた。
③ 自由貿易体制推進のため，ユネスコ(国際連合教育科学文化機関，UNESCO)が設立された。
④ 米ソ対立の激化により，国際連合は国連軍をたびたび出動させた。

176 冷戦

冷戦時代の出来事について述べた文として正しいものを，次の①～④のうちから一つ選べ。

① アメリカ合衆国は，「封じ込め政策」の一環としてベルリン封鎖を行った。
② ソ連による「ベルリンの壁」の構築は，冷戦のきっかけとなった。
③ 北大西洋条約機構(NATO)に対抗して，ソ連はワルシャワ条約機構を結成した。
④ 冷戦の解消に向けて，1980年代に先進国首脳会議(サミット)が始まった。

177 米ソの宇宙開発

米ソの宇宙開発について述べた次の文**あ**と**い**の正誤の組合せとして正しいものを，下の①～④のうちから一つ選べ。

あ ソ連が世界初の人工衛星を打ち上げたのち，アメリカ合衆国はマーシャル=プランを発表した。
い ソ連は，アメリカ合衆国に先駆けて，人類初の有人月面着陸に成功した。

① **あ**－正 **い**－正　② **あ**－正 **い**－誤
③ **あ**－誤 **い**－正　④ **あ**－誤 **い**－誤

178 戦後のヨーロッパ

第二次世界大戦後のヨーロッパについて述べた文として正しいものを，次の①～④のうちから一つ選べ。

① トルーマン=ドクトリンの目的は，トルコ・ギリシアを援助することであった。
② ドイツが東西に分裂すると，西ドイツ(ドイツ連邦共和国)はベルリン封鎖を行った。
③ オーストリアは，ドイツとは異なり，分割占領はされなかった。
④ ソ連と対立したユーゴスラヴィアは，コミンフォルムには最初から加わらなかった。

179 1950年代～70年代のソ連・東欧

1950年代から70年代にかけてのソ連と東欧諸国との関係について述べた文として**誤っているもの**を，次の①～④のうちから一つ選べ。

① ソ連が中心となって，改革を進めるチェコスロヴァキアに軍事介入を行った。
② ポーランドのポズナニで，大規模な反ソ暴動が起こった。
③ 西ドイツのブラント政権は，ソ連・東欧諸国との関係改善をめざす東方外交を展開した。
④ ソ連が平和共存路線を打ち出したことにより，ワルシャワ条約機構は解体した。

180 20世紀後半の戦争・地域紛争

20世紀後半に起こった戦争や地域紛争について述べた文として**誤っているもの**を，次の①〜④のうちから一つ選べ。

① アフガニスタンに侵攻したソ連軍は，ブレジネフ政権下で撤兵した。
② 中華人民共和国とソ連のあいだで，国境戦争が起こった。
③ アルゼンチンとイギリスのあいだで，フォークランド(マルビナス)戦争が起こった。
④ 冷戦終結後，ユーゴスラヴィアで内戦が起こった。

181 キューバ革命とキューバ危機

キューバをめぐる一連の動きについて述べた文として正しいものを，次の①〜④のうちから一つ選べ。

① キューバ革命の結果，南北アメリカを通じて最初の社会主義国が成立した。
② キューバ革命を契機に米州機構（OAS）が成立して，キューバの封じ込めがはかられた。
③ キューバ危機のさいの米ソの首脳は，ニクソンとフルシチョフであった。
④ キューバ危機にさいし，中ソ両国は団結してアメリカ合衆国に対抗した。

182 軍縮

核戦争防止や軍縮をめざした条約が結ばれたが，それについて述べた文として正しいものを，次の①〜④のうちから一つ選べ。

① 朝鮮戦争休戦直後，部分的核実験禁止条約が結ばれた。
② アメリカ合衆国のケネディとソ連のフルシチョフは，戦略兵器制限交渉(SALT)を行った。
③ ソ連のゴルバチョフとアメリカ合衆国のレーガンは中距離核戦力(INF)全廃条約を結んだ。
④ 戦略兵器削減条約(START)調印後，ソ連はアフガニスタンに侵攻した。

183 1989〜91年に起こった事件

1989〜91年に起こった事件について述べた文として**誤っているもの**を，次の①〜④のうちから一つ選べ。

① マルタ会談で，米ソ首脳は冷戦の終結を宣言した。
② 天安門事件によって，中華人民共和国政府は人民公社の解体を決定した。
③ イラクのクウェート侵攻に対し，国際連合はイラクに制裁を加えた。
④ 保守派のクーデタの失敗後，ソ連は消滅した。

184 中東問題

中東問題について述べた文として正しいものを，次の①〜④のうちから一つ選べ。

① 第３次中東戦争で，ヨルダンはゴラン高原を占領した。
② エジプトのサダト大統領は，イスラエルと平和条約を結んだ。
③ 第４次中東戦争ののち，エジプトは，シナイ半島をイスラエルに返還した。
④ 冷戦終結後，アラブ連盟(アラブ諸国連盟)が結成された。

185 石油危機

石油危機(第１次)について述べた文として正しいものを，次の①〜④のうちから一つ選べ。

① この危機をきっかけに，アラブ石油輸出国機構(OAPEC)が結成された。
② エジプトがスエズ運河の国有化を宣言したことで始まった戦争で，この危機が起こった。
③ 先進国は，この危機につづく経済の動揺に対処するために，先進国首脳会議(サミット)を開催するようになった。
④ この危機にさいして，イランは外国石油資本の国有化を断行した。

186 アフリカ諸国の独立

第二次世界大戦後に植民地から独立したアフリカ諸国について述べた文として正しいものを，次の①～④のうちから一つ選べ。

① 1955年にはアフリカ諸国があいついで独立し，「アフリカの年」といわれた。
② アルジェリアの独立を承認したのは，ド=ゴールである。
③ ガーナの独立運動を率いたのは，ナセルである。
④ コンゴは，オランダから独立した。

187 アフリカ諸国の解放闘争

アフリカにおける植民地支配や専制的支配からの解放を求める闘いについて述べた文として正しいものを，次の①～④のうちから一つ選べ。

① 南ローデシアでは白人政権が倒され，黒人政権のジンバブエ共和国が成立した。
② アンゴラは武装闘争の結果，オランダからの独立を実現した。
③ エチオピアでは革命が失敗し，皇帝による専制政治が現在までつづいている。
④ 南アフリカ共和国は，アフリカ統一機構（OAU）を結成し，黒人の解放運動に対抗した。

188 イラン革命

1979年にイランで起こった革命について述べた文として**誤っているもの**を，次の①～④のうちから一つ選べ。

① ホメイニが，この革命を指導した。
② この革命によって，王政が打倒された。
③ この革命は，立憲革命と呼ばれる。
④ この革命の結果，イスラーム的規律の復活・強化がはかられた。

189 第二次世界大戦後の国家の分断・分離・統一

第二次世界大戦後の国家の分断・分離や統一について述べた文として正しいものを，次の①～④のうちから一つ選べ。

① 朝鮮半島は，アメリカ合衆国と中華人民共和国とによって分割占領された。
② ジュネーヴ休戦協定によって，南北ベトナムが統一された。
③ 緊張緩和が進むなか，1970年代に東西ドイツが統一された。
④ 1970年代に，パキスタンから分離してバングラデシュが独立した。

190 1950年代以降のインド

1950年代以降のインドの，内政・外交上の問題について述べた文として正しいものを，次の①～④のうちから一つ選べ。

① カシミールの帰属をめぐり，インドはアフガニスタンと交戦した。
② チベット問題をめぐる対立から，インドと中国とのあいだに国境紛争が勃発した。
③ インドとパキスタンは，中央条約機構(CENTO)に参加した。
④ インドで，アジア=アフリカ(バンドン)会議が開かれた。

191 アジア諸国の独立

第二次世界大戦後誕生したアジア諸国の独立について述べた文として正しいものを，次の①～④のうちから一つ選べ。

① マレーシアは，イギリスとの第二次世界大戦前の約束にもとづいて，独立を果たした。
② インドネシアは，スハルトの指導下に，大戦後オランダから独立を達成した。
③ ビルマ(ミャンマー)は，日本の敗戦後に支配を回復したフランスとの交渉の末，独立を達成した。
④ インドでは，独立の形態をめぐって，国民会議派と全インド＝ムスリム連盟が激しく対立した。

192 朝鮮戦争・ベトナム戦争

朝鮮戦争あるいはベトナム戦争について述べた文として正しいものを，次の①〜④のうちから一つ選べ。

① 朝鮮戦争中に，日本とソ連は日ソ中立条約を結んだ。
② 朝鮮戦争の結果，朝鮮民主主義人民共和国が成立した。
③ アメリカ合衆国のケネディ大統領は，北ベトナムに対して大規模な空爆を行った。
④ ベトナム戦争の結果，ベトナム社会主義共和国が成立した。

193 中華人民共和国

中華人民共和国の歴史について述べた文として**誤っているもの**を，次の①〜④のうちから一つ選べ。

① 朝鮮戦争に義勇軍を派遣した。
② プロレタリア文化大革命(文化大革命)で，劉少奇は失脚した。
③ フーヴァー大統領とのあいだで，米中国交正常化を果たした。
④ 日本との国交正常化をはかり，日中平和友好条約を結んだ。

194 南北朝鮮

南北朝鮮について述べた文として**誤っているもの**を，次の①〜④のうちから一つ選べ。

① 韓国(大韓民国)は経済が急速に成長し，アジア NIEs (新興工業経済地域)の一つに数えられるようになった。
② 韓国(大韓民国)の朴正熙(パクチョンヒ)大統領は独裁政治をつづけたのち，暗殺された。
③ 北朝鮮(朝鮮民主主義人民共和国)の金日成(キムイルソン)は，韓国(大韓民国)の金大中(キムデジュン)と南北首脳会談を行った。
④ 韓国(大韓民国)と北朝鮮(朝鮮民主主義人民共和国)は，国際連合に同時に加盟した。

195 20世紀後半の諸問題

20世紀後半の諸問題について述べた文として正しいものを，次の①～④のうちから一つ選べ。

① 南アフリカ共和国では，エンクルマ(ンクルマ)政権のもとで，アパルトヘイト政策の終結が宣言された。
② チリでは，1960年代に成立したアジェンデ軍事政権のもとで，累積債務が増大した。
③ 1970年代に開かれたネルー・周恩来会談では，地域紛争解決のための平和五原則が発表された。
④ 国連貿易開発会議(UNCTAD)は，南北問題の解決に取り組んだ。

196 ヨーロッパの統合

ヨーロッパの統合について述べた文として正しいものを，次の①～④のうちから一つ選べ。

① ヨーロッパ石炭鉄鋼共同体(ECSC)には，イギリスが参加した。
② ヨーロッパ自由貿易連合(EFTA)がもとになって，ヨーロッパ共同体(EC)が成立した。
③ ヨーロッパ共同体(EC)のもとで，共通通貨ユーロが使われるようになった。
④ マーストリヒト条約が結ばれて，ヨーロッパ連合(EU)が成立した。

2242

河合塾
SERIES

マーク式
基礎問題集
世界史B

解答・解説編

六訂版

河合出版

I 古代オリエント・ギリシア・ローマなど

1 先史時代　　解答 ③

①○　**猿人**は，打製石器を使用し，最初の人類とされる。猿人には，アウストラロピテクスなどが分類される。

②○　**北京原人**は**火を使用**していたと考えられている。原人には，北京原人以外にジャワ原人が分類される。

③×　旧人はもちろん，新人までの人類はすべて旧石器時代にあらわれ，**打製石器**を使用した。**磨製石器**は新石器時代になってからあらわれた。

④○　新石器時代になって，人類は採集・狩猟の獲得経済から**農耕・牧畜**の生産経済に移った。また，それにともなって土器も使われるようになった。

まとめ 先史時代

猿人　アウストラロピテクス
原人　ジャワ原人　北京原人(火の使用)
旧人　ネアンデルタール人(埋葬の習慣)
新人　クロマニョン人

2 古代オリエント　　解答 ①

①○　**シュメール人**は，紀元前3000年紀にメソポタミア南部にウル・ウルク・ラガシュなどの都市国家を建てた。

②×　ヒッタイトではなく**エジプト**で，ファラオを中心とする統一国家が建てられた。ヒッタイトは，前17世紀頃小アジア(アナトリア)に建国し，バビロン第1王朝を滅ぼし，エジプト新王国と争った。鉄製武器を最初に使用したとされる。

③×　アッシリアではなく，アッシリア滅亡後に**新バビロニア**が，ヘブライ人のユダ王国を滅ぼし，バビロン捕囚を行った。アッシリアは，前7世紀に最初にオリエントを統一した。

④×　フェニキア人ではなく**アラム人**が，ダマスクスを中心に内陸貿易で活躍した。フェニキア人はシドン・ティルスを建設し，地中海貿易で活躍した。

まとめ 古代オリエント

シュメール人　ウル・ウルク
アッカド人
アムル人　バビロン第1王朝
ヒッタイト　鉄器
「海の民」
アラム人　ダマスクス
フェニキア人　シドン・ティルス
ヘブライ人　出エジプト・バビロン捕囚
アッシリア　オリエント統一
リディア・エジプト・新バビロニア・メディア
アケメネス朝　オリエント再統一

3 アケメネス(アカイメネス)朝　　解答 ③

①×　アケメネス朝は，ダレイオス１世の時代に最盛期を迎え，ギリシアに対して遠征を開始したが，**マラトンの戦い**でアテネの重装備歩兵軍に敗れた。

②×　ダレイオス１世は，メソポタミアのティグリス・ユーフラテス川流域ではなくイランの地に，新都**ペルセポリス**を建設した。この都はのちにアレクサンドロス大王の遠征軍によって破壊された。

③○　ダレイオス１世は全国を州に分け，**知事(サトラップ)**を派遣して統治させた。その政治を監視するために，「王の目」「王の耳」と呼ばれる巡察使を派遣した。

④×　３世紀頃のササン朝時代に，マニがゾロアスター教・キリスト教・仏教を融合して**マニ教**を創始した。マニ教は，ササン朝で弾圧され，ソグド人・ウイグル人に伝わって信仰され，唐やローマ帝国にも伝わった。

4 エーゲ文明　　解答 ①

①○　**a**はクレタ島である。クレタ島のクノッソス宮殿を発掘したのはイギリスの**エヴァンズ**で，これに対して小アジアのトロイア(トロヤ)やギリシア本土のミケーネを発掘したのはドイツの**シュリーマン**である。

②×　クレタ文明などのエーゲ文明は**青銅器段階**で，鉄器は使用していなかった。

③×　クレタ文明は，**ミケーネ文明の成立以前**に栄えていた。

④×　クレタ文明では，**線文字**が使われていた。

5 古代ギリシア　　解答 ②

①×　ギリシア人は地中海に植民活動を展開し，マッサリア(現在のマルセイユ)・ネアポリス(現在のナポリ)・ビザンティウム(のちのコンスタンティノープル，現在のイスタンブル)などを建設した。北アフリカのカルタゴは，**フェニキア人**の植民都市。

②○　**アクロポリス**はポリスの中心の丘で，ポリスの守護神を祀(まつ)る神殿が建てられることが多かった。そして，**アゴラ**は公共広場で集会や裁判が行われ，市場も開かれた。

③×　ポリスが成立した頃には，ギリシアはすでに**鉄器時代**に入っていた。

④×　ポリスの多くは，当初**貴族政**であった。スパルタは王政であったが，その権力は専制的なものではなかった。

6 アテネとスパルタ　**解答** ②

①×　スパルタでは，商工業に従事する劣格市民のペリオイコイや農業に従事する隷属民の**ヘイロータイ**(**ヘロット**)には参政権がなく，完全市民だけが法の制定に参加した。

②○　アテネでは，僭主になりそうな人物を追放するため，前6世紀末に**クレイステネス**が陶片追放(オストラシズム)を定め，民主政の基礎を築いた。

③×　**ドラコン**が法を制定したのは，スパルタではなく，前7世紀末のアテネ。スパルタの伝説的な立法者はリュクルゴス。

④×　前6世紀初めにアテネで貴族と平民の争いを調停し，債務奴隷の禁止や財産政治を始めたのは，ペイシストラトスではなく**ソロン**。ペイシストラトスは，前6世紀半ばのアテネの僭主。

まとめ　アテネ民主政

ドラコン　法の成文化
ソロン　財産政治
ペイシストラトス　僭主政治
クレイステネス　陶片追放
ペリクレス　民主政治完成

7 古代ギリシアの哲学　**解答** ②

①○　**タレス**は，小アジア西南岸のイオニア地方のミレトス出身で，イオニア自然哲学の祖とされる。

②×　**ソフィスト**は相対的な真理を主張し，ソクラテスが絶対的な真理の存在を主張した。

③○　ソクラテスの弟子の**プラトン**は，イデア論を説いた。

④○　プラトンの弟子の**アリストテレス**は，諸学問を集大成し，体系化を進めた。

まとめ　ギリシアの哲学

自然哲学　タレス　ピタゴラス　デモクリトス
ソフィスト　プロタゴラス　相対主義「万物の尺度は人間」
ソクラテス　絶対的真理
プラトン　イデア論
アリストテレス

8 ヘレニズム世界　　解答 ①

①○　アレクサンドロス大王の死後，部下の武将たちによる**後継者(ディアドコイ)**争いによって，帝国はプトレマイオス朝エジプト・セレウコス朝シリア・アンティゴノス朝マケドニアなどに分裂した。

②×　アテネが**デロス同盟**の盟主として繁栄を誇ったのは前5世紀。アレクサンドロス大王の東方遠征は前4世紀後半。アテネは前5世紀後半のペロポネソス戦争でスパルタに敗れ，その政治も衆愚政治に陥って衰退した。前4世紀にはマケドニアのフィリッポス2世がアテネ・テーベ連合軍をカイロネイアの戦いで破り，ギリシアを支配した。フィリッポス2世が暗殺されたのち，アレクサンドロス大王が東方遠征を開始した。

③×　**アケメネス朝**は，アレクサンドロス大王の遠征によって滅ぼされた。

④×　エジプトのプトレマイオス朝は，パルティアではなく**ローマ**に滅ぼされた。パルティアはセレウコス朝シリアから前3世紀に自立した国。

9 ヘレニズム文化　　解答 ③

①○　ポリスが崩壊したヘレニズム時代には，個人主義とともに**世界市民主義(コスモポリタニズム)**の考え方が普及した。これらの考え方を反映して，エピクロス派やストア派の哲学が流行した。

②○　プトレマイオス朝の都**アレクサンドリア**はヘレニズム文化の中心となり，とくにムセイオンは，プトレマイオス朝の保護を受けて学問研究の中心として栄えた。

③×　ヘレニズム文化がガンダーラ美術の影響を受けたのではなく，逆に**ガンダーラ美術**が**ヘレニズム文化**の影響を受けている。

④○　**ストア派**はゼノンによって創始され，禁欲主義を特徴とする。一方，エピクロス派は快楽主義が特徴である。ストア派哲学はローマ時代にも普及し，セネカ・エピクテトス，そして哲人皇帝マルクス=アウレリウス=アントニヌスなどの哲学者があらわれた。

まとめ　ヘレニズム文化

ムセイオン　アレクサンドリア
エウクレイデス　幾何学
アルキメデス　数学　物理学
エラトステネス　地球の周長測定
アリスタルコス　地動説
エピクロス派　快楽主義
ストア派　ゼノン　禁欲主義
「ミロのヴィーナス」「ラオコーン」

10 ササン朝　　解答 ②

①×　ローマの軍人皇帝ウァレリアヌスを破って捕虜としたのは，**シャープール1世**。ホスロー1世は，6世紀のササン朝最盛期の王である。

②○　ササン朝美術はヘレニズム文化の影響などで成立し，絹の道(シルク=ロード)を通じて日本にも伝わった。**正倉院**の漆胡瓶，法隆寺の獅子狩文錦などに影響が見られる。

③×　突厥と結んでエフタルを滅ぼしたのは，**ホスロー1世**。シャープール1世は3世紀のササン朝の王で，ローマと戦い，またクシャーナ朝を征服した。

④×　仏教・キリスト教・ゾロアスター教を融合させて成立したのは，**マニ教**。

11 前4世紀のローマ　　解答 ④

①×　前6世紀末に**エトルリア人**の王を追放して，ローマは共和政となった。

②×　**ポエニ戦争**は北アフリカのフェニキア人の都市カルタゴとの戦争で，前3世紀から前2世紀にかけて戦われた。

③×　**グラックス兄弟の改革**は，ポエニ戦争後の前2世紀後半に行われたが，失敗に終わった。

④○　**リキニウス・セクスティウス法**は，前4世紀に制定され，2名のコンスルのうち1名を平民から選ぶことと，大土地所有の制限を定めた。

まとめ　ローマ共和政

十二表法　法の成文化
リキニウス・セクスティウス法　コンスル1名を平民　大土地占有制限
ホルテンシウス法　平民会の決議が国法

12 古代ローマの政治と政治制度　　解答 ④

①×　前3世紀に，十二表法ではなく**ホルテンシウス法**により，平民会の決議が元老院の承認なしで国法となった。十二表法は，前5世紀に制定されたローマ最初の成文法。

②×　前2世紀後半にグラックス兄弟は，大地主の土地所有を奨励したのではなく，リキニウス・セクスティウス法を復活して**大土地所有を制限**し，**中小農民を再建**しようとした。

③×　前1世紀に**カエサル**は，レピドゥスではなく**ポンペイウス**，**クラッスス**とともに第1回三頭政治を始めた。レピドゥスは，オクタヴィアヌス・アントニウスとともに第2回三頭政治を結成した。

④○　1世紀末のネルウァ帝から2世紀後半のマルクス=アウレリウス=アントニヌス帝までの5人の皇帝の時代を，**五賢帝時代**という。トラヤヌス帝の時代にローマの領土は最大となった。

まとめ ローマ帝政

アウグストゥス　元首政(プリンキパトゥス)
ネロ　キリスト教徒迫害
五賢帝　ネルウァ帝　トラヤヌス帝(最大版図)
マルクス=アウレリウス=アントニヌス帝(ストア派)
カラカラ　市民権を全自由民に付与
軍人皇帝時代
ディオクレティアヌス帝　専制君主政(ドミナトゥス)　四分統治
コンスタンティヌス帝　コンスタンティノープル遷都
ミラノ勅令(キリスト教公認)　ニケーア公会議
テオドシウス帝　キリスト教国教化　東西分裂

13 アウグストゥス時代　解答 ④

①×　アウグストゥスはオクタウィアヌスが元老院から与えられた尊称であるが，彼自身は，第一の市民(プリンケプス)を称して共和政の伝統を守る形で元首政(プリンキパトゥス)を開始した。専制君主政(ドミナトゥス)を開始したのは**ディオクレティアヌス帝**。

②×　ローマ帝国の領土が最大になったのは，五賢帝時代の**トラヤヌス帝**のとき。

③×　**スパルタクスの反乱**は，前1世紀前半に剣闘士(剣奴)スパルタクスが指導した反乱で，クラッススらに鎮圧された。

④○　アウグストゥスに始まるローマ帝政は，約200年間のあいだ「ローマの平和(パクス=ロマーナ)」がつづき，1世紀末から2世紀後半にかけては**五賢帝時代**の最盛期を迎えた。

14 ローマ帝国末期　解答 ④

①×　ウァレリアヌス帝は3世紀の**軍人皇帝**。ササン朝のシャープール1世と争い，捕虜となった。

②×　3世紀末に軍人皇帝として即位した**ディオクレティアヌス帝**は，専制君主政の開始，キリスト教徒への最後の大迫害，帝国の四分統治(テトラルキア)などで知られる。

③×　ローマ帝国の全自由民にローマ市民権が与えられたのは，3世紀前半の**カラカラ帝**のとき。

④○　コンスタンティノープルがローマ帝国の都となったのは4世紀前半。キリスト教が国教化されたのは，4世紀末の**テオドシウス帝**のとき。

15 初期キリスト教　解答 ②

あ○　コンスタンティヌス帝がキリスト教公認後に開いたニケーア公会議では，**アタナシウス派**が正統とされ，**アリウス派**が異端とされた。

い× アウグスティヌスは，『新約聖書』の著者でなく，4世紀から5世紀にかけての教父。『**神の国（神国論）**』や『**告白録**』を著した。『新約聖書』は，2世紀から4世紀頃に現在の形にまとめられたとされる。

16 古代ローマ時代の著作 **解 答** ③

①× 『労働と日々』は，ウェルギリウスではなく，ギリシアの**ヘシオドス**が著した。ウェルギリウスは，ローマの建国神話『アエネイス』を著した叙事詩人。

②× 『ローマ建国史』（『ローマ建国以来の歴史』）を著したのは，キケロではなく**リウィウス**。キケロは，ローマ共和政末期の政治家・散文家・雄弁家。

③○ **ストア派**は，ローマ時代に広く流行し，セネカや『自省録』を著した五賢帝最後のマルクス=アウレリウス=アントニヌス帝らが活躍した。

④× 『告白録』を著したのは，ディオクレティアヌス帝ではなく教父の**アウグスティヌス**。

Ⅱ 古代インド・東南アジア・中国王朝など

17 マウリヤ朝の都 **解答** ④

①× **a**はインダス川中流域の**ハラッパー**で，インダス文明の遺跡。インダス川下流域には，同遺跡のモエンジョ=ダーロがある。

④○ マウリヤ朝の都は，**b**のガンジス川中流域の**パータリプトラ**。パータリプトラにはグプタ朝も都を置いた。

18 前3世紀頃のインド **解答** ②

①× **ガウタマ=シッダールタ**が仏教を開いたのは，前5世紀頃。

②○ **アショーカ王**は前3世紀頃のマウリヤ朝全盛期の王で，仏教に帰依し，ダルマ(法)による政治を磨崖碑・石柱碑に刻んだ。

③× **カニシカ王**は，2世紀頃のクシャーナ朝最盛期の王。

④× **チャンドラグプタ2世**は，4世紀から5世紀にかけてのグプタ朝最盛期の王。

まとめ 古代インドの王朝と王

王朝	王	王朝	王
マウリヤ朝	チャンドラグプタ王 アショーカ王	**グプタ朝**	チャンドラグプタ1世 チャンドラグプタ2世
サータヴァーハナ朝		**ヴァルダナ朝**	ハルシャ王
クシャーナ朝	カニシカ王		

19 東南アジアの歴史 **解答** ④

①× **ボロブドゥール**は，イスラーム寺院ではなくて大乗仏教の遺跡で，シャイレンドラ朝によってジャワ島に建設された。

②× ミャンマー(ビルマ)のパガン朝では，大乗仏教ではなく**上座部仏教(小乗仏教)**が普及した。

③× **アジャンター石窟寺院**は，インドのデカン高原の仏教遺跡である。シュリーヴィジャヤ王国(室利仏逝)は，スマトラ島を中心とする7世紀から14世紀の王国。

④○ **チュノム(字喃)**は，漢字をもとに体系化されたベトナムの文字で，陳朝の頃から使用された。

まとめ 東南アジアの王朝・王国

ミャンマー パガン朝　タウングー朝　コンバウン(アラウンパヤー)朝
タイ スコータイ朝　アユタヤ朝　ラタナコーシン朝
マレー半島 マラッカ王国
スマトラ島 シュリーヴィジャヤ王国　アチェ王国
ジャワ島 シャイレンドラ朝　マジャパヒト王国　バンテン王国　マタラム王国
カンボジア 扶南　真臘
ベトナム中南部 チャンパー
ベトナム北部 李朝　陳朝　黎朝　阮朝

20 中国・ベトナムの関係　**解答** ④

①×　前漢の**武帝**は，前2世紀に**南越**を滅ぼしたが，支配したのはベトナム北部に限られ，インドシナ半島全域には及んでいない。

②×　**安南都護府**をベトナム北部に置いたのは，ベトナムではなく唐である。唐は周辺民族の支配のため6つの都護府を置いた。ベトナムが中国の支配から独立するのは，唐が滅亡する10世紀のことである。

③×　13世紀に成立した元(大元ウルス)のフビライは，ベトナムの**陳朝**に遠征したが，失敗した。

④○　明の**永楽帝**は，陳朝滅亡後の内紛に乗じて，一時ベトナムを占領･支配した。

21 黄河文明　**解答** ④

①×　仰韶文化では黒陶ではなく**彩文土器(彩陶)**がつくられた。黒陶は竜山文化でつくられた。

②×　黄河流域の主要作物は，水稲ではなくアワなどの雑穀。稲は**長江流域**で栽培された。

③×　**河姆渡遺跡**は，黄河流域の竜山文化ではなく，長江流域の遺跡。竜山文化は仰韶文化の次に登場した。

④○　殷では，神の意思を問う占いが行われ，**甲骨文字**で記録された。

22 周(西周)　**解答** ③

①×　**西周**が成立したのは前11世紀頃。前17世紀から前16世紀頃に成立したと考えられているのは**殷**である。

②×　**鉄製農具**は西周後の春秋・戦国時代に使用が始まり，農業生産力が高まった。そして，商工業もさかんとなり，刀・布などの青銅貨幣が使われた。

③○　西周は渭水流域の**鎬京**に都を置いたが，前8世紀には異民族の侵入を受けて，黄河中流域の洛邑に都を遷し，東周となった。これが春秋時代の開始であった。

④×　**五胡**とは，西周時代ではなく後漢から魏晋南北朝時代にかけて中国の西方･北方から中国に進出した匈奴・羯・鮮卑・氐・羌の5つの民族のこと。西晋

時代の八王の乱で蜂起し，五胡十六国時代に多くの国を建てた。

まとめ　中国文明～春秋・戦国時代

黄河文明	仰韶文化　竜山文化	**周**	都：鎬京　封建制度
長江文明	河姆渡遺跡	**春秋時代**	春秋の五覇
夏	伝説的王朝	**戦国時代**	戦国の七雄(燕・斉・趙・魏・韓・楚・秦)
殷	殷墟　甲骨文字		鉄製農具　青銅貨幣　諸子百家

23 春秋・戦国時代　解答 ③

①×　春秋・戦国時代には，刀・布などの貨幣が使われるようになったが，これらは金・銀ではなく**青銅の貨幣**である。

②×　**均輸・平準法**は春秋・戦国時代ではなく，たび重なる遠征によって財政難となった前漢の武帝時代に行われた経済政策である。

③○　春秋・戦国時代に**鉄製農具**の犂を牛に引かせる**牛耕農法**が始まり，農業生産力が高まった。

④×　**藩鎮**は，唐代の安史の乱後の8世紀後半以降に節度使が各地で自立化したもの。

24 戦国の七雄　解答 ④

①○　戦国時代には，戦国の七雄と呼ばれる秦(陝西省方面)，楚(長江流域)，**燕**(北京周辺)，斉(山東半島方面)，韓・魏・趙(黄河中流域とその北)の諸侯が抗争した。

②○　**楚**は春秋時代から有力な諸侯で，長江中流域を支配し，斉・晋・秦などと争ったが，結局秦に滅ぼされた。

③○　**商鞅**の改革などによって富国強兵に成功した**秦**は，前3世紀後半に中国を統一した。

④×　**晋**は戦国の七雄ではなく，春秋時代の有力諸侯国。この晋が前5世紀末に韓・魏・趙に分裂して，戦国時代が始まったとされている。また，山東半島を支配したのは**斉**である。

25 諸子百家　解答 ④

①×　無為自然を説き，儒家の説く礼に反対したのは，**道家の老子**。

②×　法による統治を説いたのは，**法家**。

③×　陰陽五行説を説いたのは，**陰陽家**。

④○　儒家の**孟子**は**性善説**をとり，儒家の**荀子**は**性悪説**をとった。

まとめ 諸子百家

儒家	孔子　孟子(性善説)　荀子(性悪説)	兵家	孫子
道家	老子(無為自然)　荘子	陰陽家	
墨家	墨子(兼愛・非攻)	縦横家	蘇秦　張儀
法家	商鞅　韓非　李斯(秦の始皇帝に仕える)		

26 秦　　解答 ③

①×　周の時代を理想とする政治を行って社会を混乱させたのは，秦ではなく漢を中断させて王莽が建国した**新**である。

②×　秦ではなく**西晋**の時代に，皇帝の一族の争いすなわち八王の乱が起こり，政治が乱れた。秦では，封土を与えて支配させる封建制度ではなく，中央集権的な郡県制が行われた。

③○　匈奴への遠征や**土木事業**の負担に苦しんだ農民は，陳勝・呉広の乱を起こした。

④×　**外戚**は皇后・妃の親族で，漢代以降要職について実権を握ることがあった。新を建国した王莽は外戚出身であった。

まとめ 秦・漢

秦	都：咸陽	新	王莽
	始皇帝　郡県制　焚書・坑儒		赤眉の乱
	陳勝・呉広の乱	後漢	都：洛陽
前漢	都：長安		光武帝(劉秀)
	高祖(劉邦)　郡国制　呉楚七国の乱		黄巾の乱　太平道(張角)
	武帝　儒学官学化　均輸・平準		

27 前漢　　解答 ②

①×　劉邦は，魏・呉・蜀の三国を統一したのではなく，秦末の混乱から出て前漢を建てた。魏・呉・蜀の三国を統一したのは，晋(西晋)の**司馬炎(武帝)**。

②○　前漢の武帝時代に，**司馬遷**が紀伝体で『史記』を著した。

③×　倭の使者に漢委奴国王印を与えたのは，**後漢の光武帝(劉秀)**。

④×　前漢は前3世紀末～後1世紀初め。ムスリム商人はイスラーム教徒の商人で，**イスラーム教**は7世紀に成立。

28 後漢　　解答 ①

①×　儒学は後漢時代ではなく，すでに**前漢の武帝時代**に董仲舒の献策によって官学化されていた。

②○　**豪族**は，地方長官の推薦によって官吏を任用する郷挙里選の制度を利用して官僚を出した。

③○　地方で豪族は**大土地所有**を行い，没落した農民を小作人・奴隷として使役し，勢力をふるった。

④○　後漢時代には**宦官**や外戚が宮廷で力をもち，これに対する官僚が党錮の禁で弾圧された。

29 魏晋南北朝　　解答　②

①○　魏は曹丕(文帝)が建て，華北を支配した。**蜀**は劉備によって四川省に建てられ，**呉**は孫権によって江南を中心に建てられた。

②×　晋(西晋)が匈奴によって滅ぼされ，晋の一族司馬睿が江南で東晋を建てた。華北では匈奴・羯・鮮卑・氐・羌の五胡や漢民族が国を建てる五胡十六国時代となったが，５世紀に**北魏**が統一した。

③○　北魏の孝文帝は，大土地所有を抑制して税収を確保するために，**均田制**を実施した。しかし，北魏の時代の均田制は，奴婢・耕牛にも給田することで豪族の大土地所有と妥協するものであった。

④○　魏晋南北朝時代には，六朝文化と呼ばれる貴族文化が栄え，東晋の書家王羲之や画家顧愷之が活躍し，さらに梁の**昭明太子**は『文選』を著した。

まとめ　魏晋南北朝

三国時代	魏(九品中正)　蜀　呉	南北朝	北朝	北魏(均田制)
西晋	八王の乱			西魏(府兵制)・東魏
五胡十六国				北周・北斉
	東晋		南朝	宋　斉　梁　陳

30 中国と倭国　　解答　④

あ×　邪馬台国の卑弥呼は，晋(西晋)ではなく三国時代の**魏**に朝貢した。晋(西晋)は魏を滅ぼして建国し，呉を滅ぼして三国時代を統一した。

い×　**倭の五王**は，隋ではなく**南朝**に，５世紀頃に朝貢したとされる。

31 唐　　解答　④

①×　六部は吏部・戸部・礼部・兵部・刑部・工部からなり，地方官制ではなく中央の**尚書省**に所属する行政機関であった。

②×　完顔阿骨打ではなく大祚栄が，高句麗の遺民などを率いて渤海を建国した。**完顔阿骨打**は女真の首長で，12世紀に金を建国した。

③×　玄宗の治世前半は「貞観の治」ではなく「**開元の治**」といわれる。「貞観の治」は７世紀前半の太宗(李世民)の時代である。

④○　則天武后は高宗の皇后で，自ら即位して国号を**周**とした。中国史上，唯一の女帝である。

まとめ 隋・唐

隋　都：大興城
文帝(楊堅)　科挙
煬帝　大運河完成　高句麗遠征失敗
唐　都：長安
高祖(李淵)
太宗(李世民)　三省六部
高宗　最大版図
則天武后　周
玄宗　安史の乱　安禄山・史思明
黄巣の乱
朱全忠が滅ぼす

32 唐の周辺諸国　**解答** ②

①○　日本は，**遣隋使**につづいて遣唐使を派遣し，大化の改新を行って中央主権体制をとった。

②×　高句麗は**隋の遠征軍**を退け，高句麗遠征の失敗の影響で，隋は滅んだ。その後，高句麗は唐と結んだ新羅に滅ぼされ，高句麗の遺民は中国東北地方に渤海を建国した。

③○　**新羅**は唐と結んで百済・高句麗を滅ぼし，さらに唐の勢力も排除して朝鮮半島をほぼ統一した。

④○　**渤海**は，中国東北地方東部から沿海州や朝鮮半島北部にかけて支配し，唐の文化を取り入れて仏教が栄え，日本とも交流した。

33 澶淵の盟　**解答** ①

①○　北宋は，タングートの**西夏**とも，北宋が毎年西夏に銀・絹・茶を贈るという和約を結んだ。

②×　**耶律阿保機**は10世紀前半に遼を建国した。澶淵の盟が結ばれたのは，11世紀初頭である。

③×　**カラ=キタイ**(**西遼**)は，遼が金に滅ぼされたのち，遼の皇族耶律大石が中央アジアに建国した。

④×　澶淵の盟を結んだのち，11世紀後半に北宋は財政難となり，王安石が新法の改革を始めた。この新法に反対したのが**旧法党**である。

まとめ 五代・宋

五代 後梁　後唐　後晋　後漢　後周　　十国
北宋 都：開封
太祖　文治主義　殿試　太宗
澶淵の盟　遼との和約
王安石　新法　徽宗　欽宗
靖康の変　金が北宋を滅ぼす

南宋 都：臨安
高宗
金と和約
フビライが滅ぼす

34 南宋の都市　解答 ④

①○　宋代には海外貿易が発展し，広州・**泉州**・明州などの港市が栄えて，貿易管理機関の市舶司が置かれた。

②○　**景徳鎮**は江南の都市で，宋以来，中国第一の陶磁器の産地となった。

③○　靖康の変で北宋が金に滅ぼされると，逃れた高宗が南宋を建国した。南宋の都の杭州は当時**臨安**と呼ばれた。

④×　**朱印船貿易**は，17世紀前半の江戸時代の初期に，鎖国まで日本と東南アジアとのあいだで行われた。南宋は13世紀後半に元に滅ぼされた。

35 唐宋の文化　解答 ①

①○　唐代の**韓愈（韓退之）**は，**柳宗元**とともに古文の復興を提唱した。

②×　王羲之は，東晋の書家。唐代の書家には，**顔真卿**がいる。

③×　北宋の**徽宗**が画院を保護した。高宗は徽宗の子で，北宋最後の皇帝である欽宗の弟であり，北宋が金に滅ぼされると，江南で南宋を建てた。

④×　王維は，南宋ではなく**唐**の詩人・画家。

36 金　解答 ④

①×　契丹人ではなく**女真人**が金を建国した。契丹人が建国したのは遼である。金の建国者は完顔阿骨打（わんやんあぐだ），遼の建国者は耶律阿保機（やりつあぼき）である。

②×　**西夏文字**は，金ではなくタングートの建てた西夏でつくられた文字。金では女真文字がつくられた。

③×　**渤海国**は，金ではなく遼に滅ぼされた。

④○　金は，契丹人の遼を滅ぼし，さらに靖康の変で北宋をも滅ぼした。宋の皇族は南に逃れて，南宋を建てて臨安（杭州）を都とした。金は南宋と講和を結び，**淮水（淮河）以北**の華北を支配した。

まとめ 遼・西夏・金

遼　契丹　耶律阿保機
西夏　タングート　李元昊
金　女真　完顔阿骨打　猛安・謀克

37 大モンゴル国(モンゴル帝国)・元　解答 ①

①○　**クリルタイ**はモンゴル部族の有力者の会議で，ハン位の相続や遠征などの重要事項を決定した。モンゴル帝国は，チンギス=ハンが1206年にこのクリルタイで大ハンの位について成立した。

②×　資料はフビライに関するもの。フビライではなくオゴタイの時代に，バトゥがヨーロッパ遠征を行い，モスクワ大公国ではなくキエフ公国を攻撃して滅ぼした。**モスクワ大公国**は，モンゴルの支配から15世紀後半に自立した。

③×　**ワールシュタットの戦い**は，フビライではなくオゴタイの時代にバトゥがドイツ・ポーランド諸侯の連合軍を破った戦い。

④×　13世紀後半ハイドゥの乱の最中に，南宋はフビライによって滅ぼされたが，南宋の都は南京ではなくて**臨安**(**杭州**)である。

まとめ 大モンゴル国(モンゴル帝国)と元

大モンゴル国
チンギス=ハン　ホラズム=シャー朝・西夏を滅ぼす
オゴタイ　都：カラコルム　バトゥ(ヨーロッパ遠征)
モンケ　フラグ(西アジア遠征)
ハイドゥの乱　分裂　キプチャク=ハン国　イル=ハン国　チャガタイ=ハン国
元　都：大都
フビライ　日本遠征
紅巾の乱

38 元の対外政策　解答 ②

①×　鄭和は，15世紀の前半に明の**永楽帝**に命じられて南海遠征を行った。

②○　ビルマ(ミャンマー)の**パガン朝**は，モンゴル軍の侵略後に滅んだ。

③×　**高麗**はモンゴル軍に滅ぼされてはおらず，モンゴルに服属して日本への遠征に協力した。14世紀末に李成桂によって滅ぼされた。

④×　プラノ=カルピニは13世紀の半ば，フビライ即位以前に**カラコルム**を訪れた。フビライの時代に大都を訪れたのは，モンテ=コルヴィノ。

39 宋・元時代の文化　解答 ③

①×　宋代には新しい儒学として陽明学ではなく**宋学**が発達し，南宋の朱熹が大成したため朱子学とも呼ばれる。陽明学は，明代の王陽明によって大成され

た。

②× **杜甫・白居易**は，宋代ではなく唐代に活躍した。

③○ イスラーム天文学の影響を受け，元代に郭守敬が**授時暦**を作成した。授時暦は，日本に伝わって貞享暦に影響を与えた。

④× **景教**すなわちネストリウス派キリスト教は，元代ではなく唐代に中国に伝わった。元代には，モンテ=コルヴィノによって中国でカトリックが布教された。

40 明 解答 ④

①○ **内閣大学士**は皇帝を補佐する人々で，永楽帝が設置した。明・清を通じて置かれたが，清代に軍機処が設置されると実権を失った。

②○ **里甲制**は，洪武帝が制定した村落行政制度。民戸110戸を1里とし，富戸10戸を里長戸，残りの100戸を10戸ずつの甲首戸に組織し，毎年輪番で1里長と10甲首が治安維持・徴税などにあたった。

③○ **六諭**は，洪武帝が民衆教化のために布告した儒教的な6カ条の教訓。

④× **理藩院**は，明ではなく清の機関。清は内モンゴル・外モンゴル・青海・新疆・チベットを藩部と呼んで間接統治を行った。この藩部を管理・事務処理する機関が理藩院で，乾隆帝の時代に整備された。

まとめ 明・清

明	洪武帝(朱元璋)　都：南京	清	ヌルハチ	金(後金)
	永楽帝　靖難の役　北京遷都		ホンタイジ	清と改称
	正統帝　土木の変		康熙帝	三藩の乱　鄭氏台湾征服
	万暦帝　張居正			ネルチンスク条約
	豊臣秀吉の朝鮮侵略		雍正帝	軍機処　キャフタ条約
	李自成の乱			キリスト教布教禁止
			乾隆帝	理藩院整備

41 16世紀の儒学 解答 ④

①× **孔穎達**らが『五経正義』を編纂したのは，唐代の7世紀。

②× 12世紀，宋学が**南宋**の朱熹によって朱子学として大成されたが，同時代の陸九淵はこれを批判した。

③× 前漢の**武帝**の時代に，**董仲舒**の建言によって儒学は官学化され，後漢の時代には，字句の解釈を中心とする**訓詁学**が発達した。**鄭玄**はその訓詁学の大成者で，2世紀の人物。

④○ 陸九淵の影響を受けた明代の**王陽明**(王守仁)は，「知行合一」を唱える陽明学を16世紀の初めに大成した。

42 清　　**解答** ①

①○　ネルチンスク条約を締結したのは**康熙帝**の時代である。康熙帝は，呉三桂ら旧明の将軍が起こした三藩の乱を鎮圧した。

②×　『四書大全』は，明の**永楽帝**の命で編纂された。清代には，康熙帝の命で『康熙字典』『古今図書集成』が，乾隆帝の命で『四庫全書』などが編纂された。

③×　エセン=ハンは，15世紀のオイラトの長である。明の**正統帝**は，土木の変でエセン=ハンの捕虜になった。

④×　日本が**勘合貿易**を行った相手は，明である。

43 明清時代の商人・商業　　**解答** ③

①○　明代には，**新安(徽州)商人**・山西商人など，全国的に活動する商人が出現した。

②○　江西省の景徳鎮は，**陶磁器**の代表的生産地である。

③×　中国では，商人が都市の自治権を握ることはなかった。中世のドイツやイタリアでは，**都市が自治権**を獲得した。

④○　**会館・公所**は，同業・同郷の商人の建物あるいはその連絡・互助機関であり，明・清で発達した。

44 清代の学術・文化　　**解答** ③

①×　「**坤輿万国全図**」は清の乾隆帝の命によるのではなく，明末にイエズス会宣教師のマテオ=リッチ(利瑪竇)によって作成された。

②×　清初に，**顧炎武**は考証学を批判したのではなく，黄宗羲とともに考証学の先駆となった。

③○　清朝は科挙をさかんに行い，大編纂事業を行わせる一方で，反清・反満思想に対しては厳しい態度で取り締まり，禁書や**文字の獄**などの弾圧を行った。

④×　満洲(州)文字は，後金建国以前にヌルハチによって作られた。**銭大昕**は，18世紀から19世紀初頭に活躍した考証学の大成者である。

45 中国の税制　　**解答** ②

①×　**均田制**は，北斉ではなく北魏の時代に開始された土地制度。租調庸制は，唐の均田制にもとづく税制。北魏は西魏・東魏に分裂し，西魏は北周に，東魏は北斉にそれぞれ滅ぼされた。

②○　**両税法**は，唐で安史の乱後に租調庸制が崩壊したため，採用された税制。現住地の資産に応じて課税した。

③×　**一条鞭法**は，モンゴルの中国支配の時期ではなく，明代に開始された税法で，土地税と人頭税を一括して銀で徴収した。

④× **地丁銀制**は，地銀(地税)と丁税(人頭税)を別々に徴収するのではなく，丁税を地銀に繰り込んで徴収する税制である。結果として事実上，丁税が廃止された。

46 18世紀の朝鮮半島の王朝　　解答 ①

①× 18世紀後半に朝鮮半島を支配していた王朝は朝鮮王朝で，都を金城(慶州)ではなく漢陽に置いた。**金城(慶州)**は新羅の都である。

②○ 朝鮮王朝を建てた李成桂は，**朱子学**を官学化し，官僚制を強化した。

③○ **訓民正音(ハングル)**は，15世紀半ばに朝鮮王朝の世宗が制定した音標文字である。

④○ **両班(ヤンバン)**は高麗・朝鮮王朝の特権的階層で，官職を独占するとともに封建的土地所有層として特権を保持した。

47 琉球　　解答 ①

①○ **琉球**は15世紀前半に中山王によって統一され，明に朝貢した。

②× 琉球は，17世紀初めに徳川幕府ではなく**薩摩の島津氏**に服属した。このため以後，日本と中国に両属することとなった。19世紀後半には，日本に併合された。

③× 鄭成功が清への抵抗のための根拠地としたのは，琉球ではなく**台湾**である。

④× 琉球は，明と対等な関係を結んだのではなく，14世紀後半以来，明に服属し，**朝貢**を行っていた。

Ⅲ イスラーム世界

48 イスラーム教　解答 ③

①○　**『クルアーン(コーラン)』**は，神アッラーの言葉を預言者ムハンマドが伝えたものとされ，アラビア語で書かれたイスラーム教の聖典である。

②○　イスラーム教は，唯一絶対の神**アッラー**を信じる一神教である。

③×　イスラーム教は，**7世紀**にムハンマドによって創始された。したがって，6世紀にイスラーム法(シャリーア)は存在しない。

④○　メッカにある**カーバ神殿**を聖地として，ムスリム(イスラーム教徒)はカーバ神殿の方向に向かって礼拝を行う。

まとめ イスラーム世界の発展

ムハンマド	イスラーム教創始　ヒジュラ(メッカ→メディナ)
正統カリフ時代	アリー暗殺　シーア派成立
ウマイヤ朝	都：ダマスクス　ムアーウィヤ建設
アッバース朝	都：バグダード　ハールーン=アッラシード最盛期
後ウマイヤ朝	都：コルドバ

49 ムハンマドがムスリム共同体を建設した都市　解答 ②

①×　**a**は**アレクサンドリア**。ヘレニズム時代にプトレマイオス朝の都として，大研究所のムセイオンが建設された。

②○　ムハンマドはメッカで迫害を受け，622年に**bメディナ**に移動し，ここにムスリムの共同体(ウンマ)を建設した。この年622年は，イスラーム(ヒジュラ)暦の紀元元年とされた。

③×　**c**はイラクのバスラ。

④×　**d**はイランのテヘラン。

50 アッバース朝　解答 ④

①×　**トゥール・ポワティエ間の戦い**で，フランク王国の宮宰カール=マルテルの軍と戦って侵入を阻止されたのは，アッバース朝の軍ではなくウマイヤ朝の軍である。

②×　アッバース朝は，イスラーム教に改宗した非アラブ人の不満やシーア派の勢力を利用して建国したが，その後スンナ派の教義を採用し，**シーア派を弾圧**した。

③×　アッバース朝は，メッカを首都としたことはない。**バグダード**を建設して首都とした。

④○　アッバース朝は800年頃のカリフ，**ハールーン=アッラシード**の時代に最盛

期を迎えた。その後，10世紀には各地に軍事政権が自立して衰退した。

51 サラーフ=アッディーン(サラディン)　解答 ④

①× サラーフ=アッディーン(サラディン)は，第1回十字軍ではなく**第3回十字軍**と戦った。

②× **イェルサレム王国**は，サラーフ=アッディーンではなく，第1回十字軍がイェルサレムを占領して建国した。

③× **ラテン帝国**は，サラーフ=アッディーン死後の13世紀初頭に，第4回十字軍がコンスタンティノープルを占領して建国した。

④○ サラーフ=アッディーンは，スンナ派の**アイユーブ朝**を建て，シーア派のファーティマ朝を滅ぼした。

まとめ イスラーム世界の分裂①

イベリア半島	北アフリカ	西アフリカ	エジプト
後ウマイヤ朝	ムラービト朝	マリ王国	トゥールーン朝
ナスル朝	ムワッヒド朝	ソンガイ王国	ファーティマ朝
			アイユーブ朝
			マムルーク朝

52 10世紀のイスラーム諸王朝　解答 ③

①× ベルベル人が，ムワッヒド朝を建てたのは**12世紀**。

②× 9世紀の中央アジアに，トルコ系ではなく**イラン系**のサーマーン朝が成立した。

③○ 10世紀にアフガニスタンで，トルコ系の**ガズナ朝**が成立した。

④× イラクではなく**中央アジア**で，10世紀にトルコ系のカラハン朝が成立し，サーマーン朝を滅ぼした。

まとめ イスラーム世界の分裂②

イラン	アフガニスタン	インド	中央アジア
ブワイフ朝	ガズナ朝	デリー=スルタン朝	サーマーン朝
セルジューク朝	ゴール朝	奴隷・ハルジー・	カラハン朝
ホラズム=シャー朝		トゥグルク・	
イル=ハン国		サイード・ロディ	
ティムール朝		ムガル帝国	
サファヴィー朝			

53 イスラーム時代のイベリア半島　解答 ③

①○ ウマイヤ朝がアッバース朝に滅ぼされたのち，ウマイヤ朝の一族はイベリア半島に逃れ，コルドバを都に**後ウマイヤ朝**を建設した。

②○ ベルベル人のイスラーム王朝である**ムラービト朝**や**ムワッヒド朝**は，モロッコを中心に支配し，イベリア半島にも進出した。

③× アルハンブラ宮殿は，コルドバではなく**グラナダ**に，ナスル朝によって建てられた。

④○ 1492年，ナスル朝の都グラナダがスペイン(イスパニア)王国によって征服されると，キリスト教徒による**レコンキスタ(国土回復運動)**は完成した。

54 イスラーム世界の君主 解答 ④

①× 正統カリフは，ムハンマドの後継者としてムスリムの合意で選ばれた，**アブー=バクル**から**アリー**までの４人のカリフをいう。

②× シャーは，古代エジプトではなく古代イランの君主の称号。古代エジプトの王は**ファラオ**。

③× スルタンは，アッバース朝のカリフから，11世紀にマムルーク朝ではなく**セルジューク朝**の**トゥグリル=ベク**に初めて与えられた。マムルーク朝は，13世紀に成立したエジプトのイスラーム王朝。

④○ **ファーティマ朝**は**シーア派**の王朝で，10世紀に北アフリカに成立し，エジプトに進出し，カイロを建設して都とした。アッバース朝に対抗してカリフを称すると，イベリア半島の後ウマイヤ朝もカリフを称した。

55 オスマン帝国 解答 ①

①○ 16世紀のスレイマン１世時代に最盛期を迎えたオスマン帝国は，**ウィーン包囲**を行い，神聖ローマ皇帝カール５世を圧迫した。

②× オスマン帝国は，インドまで侵入したことはなく，ムガル帝国を滅ぼしてはいない。**ムガル帝国**は，19世紀にイギリスに滅ぼされた。

③× オスマン帝国は，**プレヴェザの海戦**でスペインなどヨーロッパ連合艦隊を破った。オスマン帝国が敗れたのは，その後の**レパントの海戦**である。

④× スンナ派のオスマン帝国は，シーア派のサファヴィー朝と抗争を繰り返したが，サファヴィー朝を征服したことはない。サファヴィー朝は，**18世紀**に滅んだ。

まとめ イスラーム３帝国の君主

オスマン帝国	サファヴィー朝	ムガル帝国
バヤジット１世	イスマーイール	バーブル
メフメト２世	アッバース１世	アクバル
セリム１世		シャー=ジャハーン
スレイマン１世		アウラングゼーブ

56 ムガル帝国　解答 ①

①○　**アクバル**はデリーからアグラに遷都し，マンサブダール制による官僚・軍人などの支配階級の組織化を進めた。

②×　ムガル帝国は，**アウラングゼーブ**の時代に最大の領土となった。また，ビルマ(ミャンマー)全土を支配したことはない。

③×　ヒンドゥー教徒とイスラーム教徒の融和のため，ヒンドゥー教徒に課された**ジズヤを廃止**したのは，**アクバル**である。アウラングゼーブは，厳格なスンナ派イスラーム教徒としてジズヤを復活し，ヒンドゥー教徒やシク教徒の反発をまねいた。

④×　ムガル帝国が**セイロン島**を征服したことはない。

57 サファヴィー朝　解答 ③

①×　デヴシルメは，**オスマン帝国**で行われた，キリスト教徒の子弟をイスラーム教に改宗させて徴用する制度。

②×　イクター制は，**ブワイフ朝**で創始された，軍人や官僚に徴税権を与えた制度。

③○　**スンナ派**のオスマン帝国と**シーア派**のサファヴィー朝は，抗争を繰り返し，サファヴィー朝は最盛期のアッバース１世のときに，オスマン帝国から領土の一部を奪還した。

④×　サファヴィー朝は，**18世紀**前半に滅んだ。イランでは18世紀末にカージャール朝が成立し，そのもとで20世紀初めにイラン立憲革命が起こったが，ロシア・イギリスの干渉で失敗に終った。

58 イスラーム文化　解答 ③

①○　**イブン=ルシュド**は，12世紀ムワッヒド朝に仕えた医学者・哲学者で，アリストテレス哲学を研究し，中世ヨーロッパのスコラ学に影響を与えた。

②○　**イブン=シーナー**は，イラン系の医学者・哲学者。『医学典範』で知られるが，哲学でも多くの著作を著して業績を残した。

③×　**ガザーリー**は，スンナ派イスラーム神学に神秘主義的要素を持ち込んだ神学者である。『世界の記述(東方見聞録)』は，ヴェネツィアの商人マルコ=ポーロの旅行記。

④○　**フワーリズミー**は，アッバース朝期に活躍した数学者で，天文学でも業績を残した。

Ⅳ 中世ヨーロッパ

59 ゲルマン人　解答 ①

①× イタリア半島には5世紀末に東ゴート王国が成立していたが，6世紀にユスティニアヌス1世(大帝)のビザンツ(東ローマ)帝国がこれを滅ぼし，さらに6世紀後半には**ランゴバルド王国**が北イタリアを支配した。

②○ **西ゴート王国**は，5世紀前半に南ガリアからイベリア半島にかけて成立したが，8世紀に北アフリカから侵入したウマイヤ朝のイスラーム軍に滅ぼされた。

③○ 5世紀にはガリア東南部に**ブルグンド王国**があったが，6世紀にフランク王国に滅ぼされた。

④○ **ヴァンダル人**は5世紀に北アフリカで王国を建設し，6世紀にユスティニアヌス1世のビザンツ帝国に滅ぼされた。

まとめ ゲルマン人

ゲルマン人	支配した地	滅ぼした勢力
西ゴート人	イベリア半島	ウマイヤ朝
東ゴート人	イタリア	ビザンツ帝国
ヴァンダル人	北アフリカ	ビザンツ帝国
ブルグンド人	ガリア東南部	フランク王国
アングロ=サクソン人	ブルタニア	ノルマン人
フランク人	ガリア北部	
ランゴバルド人	イタリア	フランク王国

60 ノルマン人　解答 ④

①○ 10世紀，ロロに率いられたノルマン人の一派は，北フランスに**ノルマンディー公国**を建設した。

②○ ノルマン人の一部は地中海に進出し，12世紀前半にシチリア島・南イタリアに**シチリア(両シチリア)王国**を建国した。

③○ 9世紀にリューリクに率いられてロシアのスラヴ人地域に入ったノルマン人は，ルーシと呼ばれ，これがロシアの語源となった。彼らはノヴゴロド国を建設し，一部はさらにドニエプル川中流域に南下して**キエフ公国**を建国した。

④× ハンガリー王国を建てたのは，ノルマン人ではなくアジア系の**マジャール人**である。

まとめ ノルマン人

ロシア　リューリク　ルーシ　ノヴゴロド国　キエフ公国
北フランス　ロロ　ノルマンディー公国
ブリタニア(イギリス)
クヌート　ウィリアム1世　ノルマン=コンクェスト　ノルマン朝

61 フランク王国　**解　答**　④

①×　5世紀後半にフランク王国を建国したメロヴィング朝の**クローヴィス**が，ローマ教会が正統とするアタナシウス派に初めて改宗した。

②×　神聖ローマ帝国の初代皇帝となる**オットー1世**が，10世紀にマジャール人と戦って撃退した。

③×　メロヴィング朝の宮宰(マヨル=ドムス)**カール=マルテル**が，8世紀前半にトゥール・ポワティエ間の戦いでイスラーム軍を退けた。

④○　8世紀半ばに**ピピン(小ピピン)**はカロリング朝を創始し，ランゴバルド王国と戦い，奪ったラヴェンナを教皇に献上した。これが教皇領の起源となった。

62 ビザンツ(東ローマ)帝国　**解　答**　④

①○　ビザンツ(東ローマ)帝国では，領土を軍管区(テマ)に分けて，軍隊の司令官に行政権を与える**軍管区(テマ)制**が行われた。そのもとで，兵士や農民に土地を与えて軍役を課す**屯田兵制**が行われた。

②○　ビザンツ帝国は，6世紀の**ユスティニアヌス1世(大帝)**のもとで最盛期を迎え，イタリアの東ゴート王国と北アフリカのヴァンダル王国を滅ぼし，地中海世界を支配した。

③○　ビザンツ皇帝レオン3世が8世紀前半に**聖像禁止令**を出すと，ゲルマン人に対して聖像を利用して布教を行っていたローマ教会は反発し，両者の間で大論争が起こった。

④×　ビザンツ帝国はセルジューク朝に領土を奪われたが，15世紀半ばにビザンツ帝国を滅ぼしたのはセルジューク朝ではなく**オスマン帝国**のメフメト2世。

まとめ ビザンツ帝国

ユスティニアヌス1世(大帝)　東ゴート王国・ヴァンダル王国を滅ぼす
『ローマ法大全』
テマ制　屯田兵制
レオン3世　聖像禁止令
プロノイア制
第4回十字軍の攻撃　ラテン帝国
オスマン帝国のメフメト2世に滅ぼされる

63 スラヴ世界とキリスト教　解答 ②

①× リューリクはブルガリア王ではなく，ルーシと呼ばれたノルマン人の首長で，ロシアに入って**ノヴゴロド国**を建国した。

②○ 南下したルーシの一部が建国したのがキエフ公国で，スラヴ化し，10世紀の**ウラディミル1世**時代に全盛期を迎えた。彼はギリシア正教に改宗した。

③× 南スラヴ人のセルビア人は，バルカン半島に南下して，ビザンツ帝国の支配を受け，ローマ=カトリックではなく**ギリシア正教**に改宗した。

④× ポーランド人など西スラヴ人は，ギリシア正教ではなく**ローマ=カトリック**に改宗した。

まとめ スラヴ人

東スラヴ人	ロシア人(ギ)	
西スラヴ人	ポーランド人(カ)	チェック人(カ)
南スラヴ人	クロアティア人(カ)	スロヴェニア人(カ)
	セルビア人(ギ)	ブルガリア人(ギ)

(カ)…カトリック　(ギ)…ギリシア正教

64 中世の封建領主　解答 ①

①× 中世の封建社会では，主君が臣下に俸給ではなく**封土**を与え，それに対して臣下は主君に忠誠を尽くし，軍役などの義務を負った。

②○ 中世の封建社会における主従関係は，相互に義務をもつ**双務的な契約**による主従関係であった。

③○ 封建領主は，自分の領地である荘園内では絶対的な支配権をもち，国王の権力の自領地への介入を阻止する**不輸不入権**をもっていた。

④○ 封建領主は，自らの領地の農民に対しては**領主裁判権**を行使した。

65 荘園制度　解答 ③

①○ 荘園は，初め**領主直営地・農民保有地・共同利用地**に分かれていたが，のちに領主直営地は廃止され，農民保有地に代わっていった。

②○ 農奴は，領主直営地での**賦役**と農民保有地からの**貢納**の義務を負った。

③× 農奴は，職業選択の自由や移転の自由がなかったが，**家屋や生産用具などの所有**は認められていた。

④○ **三圃制**は，耕地を春耕地・秋耕地・休耕地(休閑地)に分ける制度で，これによって農業生産力は向上した。

66 教会・修道院 **解答** ①

①○ **ベネディクトゥス**が6世紀に中部イタリアのモンテ=カシノに開いて以来，修道院は西欧各地に広まり，民衆の教化を進めていった。

②× **クリュニー修道院**は10世紀に成立し，11世紀以降の教会改革運動に大きな影響を与えた。

③× 11世紀に始まった**叙任権闘争**は，ローマ教皇と神聖ローマ皇帝の対立であり，カトリック教会とギリシア正教会が分離する東西教会の分離とは直接関係はない。東西教会の分離は，聖職叙任権問題が起こる直前。

④× 11世紀に，ヘンリ3世ではなくテューダー朝の**ヘンリ8世**が宗教改革を行ってイギリス国教会を設立し，そのさい修道院の解散を命じた。ヘンリ3世は，プランタジネット朝のイギリス王で，13世紀に大憲章(マグナ=カルタ)を無視し，シモン=ド=モンフォールの反乱をまねいた。

67 叙任権闘争 **解答** ④

①× この闘争は，**ローマ教皇**が聖職者の叙任権を自らの手に収めて，教会を世俗の支配や干渉から解放しようとしたために起こった。

②× 神聖ローマ皇帝ハインリヒ4世は，教皇のインノケンティウス3世ではなく**グレゴリウス7世**に破門され，北イタリアのカノッサで教皇に謝罪した。これが「カノッサの屈辱」である。

③× **クリュニー修道院**は，10世紀にフランス中部に設立された修道院で，修道院刷新運動を展開し，叙任権闘争の結果起こったのではなく，逆に叙任権闘争に影響を与えた。

④○ 叙任権闘争は，12世紀の**ヴォルムス協約**で妥協が成立した。こののち，12世紀末から13世紀初頭にインノケンティウス3世の教皇権絶頂時代を迎える。

まとめ ローマ教皇

グレゴリウス1世	ゲルマン人への布教
レオ3世	カール大帝に皇帝冠
グレゴリウス7世	ハインリヒ4世と対立 「カノッサの屈辱」
ウルバヌス2世	クレルモン宗教会議で十字軍提唱
インノケンティウス3世	絶頂期 第4回十字軍提唱
ボニファティウス8世	フィリップ4世と対立 アナーニ事件
レオ10世	贖宥状販売許可→マルティン=ルター 宗教改革

68 十字軍 **解答** ④

①× **イェニチェリ**は，オスマン帝国でキリスト教徒の子弟をイスラーム教に改宗させて徴用するデヴシルメによって編制されたスルタンの親衛隊。十字軍

の遠征中には，ドイツ騎士団などの宗教騎士団が編制された。

②× クレルモン宗教会議で十字軍を提唱したのは，グレゴリウス7世ではなく**ウルバヌス2世**。**グレゴリウス7世**は叙任権闘争で神聖ローマ皇帝ハインリヒ 4世と対立し，11世紀後半に「カノッサの屈辱」で皇帝を屈服させた教皇。

③× 11世紀末に始まる第1回十字軍は**イェルサレム王国**を建てたが，マムルーク朝とは戦っていない。マムルーク朝は13世紀に建国された。

④○ インノケンティウス3世によって提唱された**第4回十字軍**は，ヴェネツィア商人に誘導され，ビザンツ帝国の都コンスタンティノープルを占領して，そこに**ラテン帝国**を建てた。

まとめ 十字軍

クレルモン宗教会議　ウルバヌス2世提唱
第1回　イェルサレム王国建設
第3回　神聖ローマ皇帝・仏王・英王参加　アイユーブ朝と戦う
第4回　コンスタンティノープル占領　ラテン帝国建設

69 12世紀のヨーロッパ　解答 ②

①× フランク王国の**メロヴィング朝**が開かれたのは，5世紀末。

②○ 12世紀にイギリスでは，フランスの諸侯アンジュー伯がイギリス王ヘンリ2世として即位し，**プランタジネット朝**が成立した。

③× デンマークを中心に北欧3国が**カルマル同盟**を結んだのは，14世紀末。

④× 教皇庁がアヴィニョンに移された「**教皇のバビロン捕囚**」は，14世紀初め。

70 教皇権の失墜　解答 ②

①× この対立の原因は，フランス王のフィリップ2世ではなく**フィリップ4世**が，フランス国内の聖職者に課税しようとしたことにある。**フィリップ2世**は12世紀から13世紀にかけてのフランス王で，王権を強化し，イギリス王ジョンから大陸イギリス領の大半を奪うことに成功した。しかし，教皇インノケンティウス3世には屈服した。

②○ フィリップ4世は，第一身分(聖職者)・第二身分(貴族)・第三身分(都市民などの平民) からなる**三部会**を初めて招集し，その支持を得てアナーニ事件で教皇ボニファティウス8世を捕えた。

③× フィリップ4世は，アナーニ事件ののちボニファティウス8世が死去すると，教皇庁を南フランスの**アヴィニョン**に移転した。これを「教皇のバビロン捕囚」という。

④× **サンバルテルミの虐殺**は，16世紀後半のユグノー戦争中にパリで起こった。

71 神聖ローマ帝国　解答 ④

①× **五賢帝時代**は神聖ローマ帝国の最盛期ではなく，ローマ帝国の１世紀末から２世紀後半にかけての最盛期。

②× 14世紀から15世紀の百年戦争は，神聖ローマ帝国ではなく**イギリス**と，フランスとの戦争である。

③× フランスのナポレオン１世は神聖ローマ帝国を復活させたのではなく，19世紀初頭にライン同盟を成立させ，これによって**神聖ローマ帝国を消滅**させた。

④○ 11世紀に神聖ローマ皇帝**ハインリヒ４世**は，聖職叙任権をめぐって教皇グレゴリウス７世と対立し，「カノッサの屈辱」で教皇に謝罪した。

72 14・15世紀のヨーロッパ　解答 ②

②○ **あ**．神聖ローマ皇帝カール４世が，金印勅書を発布して七選帝侯による皇帝選挙を定めたのは，**14世紀半ば**。**う**．イギリス・フランスの百年戦争は14世紀の前半に始まり，**15世紀の前半**にフランス側にジャンヌ=ダルクがあらわれてオルレアンを解放し，15世紀半ばにフランスの勝利に終わった。**い**．イギリスでは百年戦争敗北後の**15世紀後半**に，ランカスター家とヨーク家の王位をめぐるバラ戦争が起こり，ヘンリ７世がテューダー朝を開いて収拾した。

まとめ 百年戦争とバラ戦争

	イギリス		フランス
14C			カペー朝断絶→ヴァロワ朝成立
	イギリス王エドワード３世 〈フランス王位継承権主張〉	**百年戦争**	
		クレシーの戦い	
15C			ジャンヌ=ダルク
		イギリス，カレー以外の大陸領失う	
	バラ戦争〈ランカスター家対ヨーク家〉		
	テューダー朝　ヘンリ７世		

73 中世の社会・経済 **解答** ③

①× **同職ギルド(ツンフト)**の構成員は親方だけであった。親方・職人・徒弟のあいだには，厳格な身分関係が存在した。

②× 北イタリアは地中海商業圏の中心であった。北海・バルト海の北方商業圏と地中海商業圏の接点となったのは，フランスの**シャンパーニュ地方**で，ここで大定期市が開かれた。

③○ 内陸貿易で栄えたアウクスブルクでは**フッガー家**が，東方貿易(レヴァント貿易)で栄えた北イタリアでは，フィレンツェの**メディチ家**が登場した。

④× **自治都市**は，北イタリアやドイツで発達した。

74 リューベック **解答** ①

①○ **リューベック**はバルト海に面する**a**に位置する北ドイツの海港都市で，**あ**，ハンザ同盟の盟主としてバルト海貿易で繁栄した。

④× **b**は北イタリアの**ヴェネツィア**で，**い**，東方貿易(レヴァント)貿易で繁栄した。

75 中世ヨーロッパの神学・思想 **解答** ②

①○ **トマス=アクィナス**は13世紀のスコラ学者で，『神学大全』を著し，スコラ学を大成した。

②× 南イタリアのサレルノ大学は，神学ではなく**医学**で有名であった。神学で有名だったのは，フランスのパリ大学。

③○ **アンセルムス**は，11世紀から12世紀のスコラ学者で，「スコラ学の父」とされる。

④○ **ロジャー=ベーコン**は，13世紀イギリスのスコラ学者で，イスラーム世界の学問の影響を受けて経験を重視し，近代自然科学の方法論へ道を開いた。

76 中世の文学 **解答** ②

①× カール大帝(シャルルマーニュ)時代の騎士を描いたのは『**ローランの歌**』である。『アーサー王物語』はイギリスのケルト人の伝説的王が題材。

②○ フランスやドイツでは，騎士の恋愛をテーマにした叙情詩を歌う**吟遊詩人**が活躍した。

③× フランスのラブレーが『ガルガンチュアとパンタグリュエルの物語』を著したのは，16世紀の**ルネサンス期**である。

④× 英雄叙事詩の『**ニーベルンゲンの歌**』は，ドイツで生まれた。

V ルネサンス以降の近代欧米

77 イタリア=ルネサンス　　解答 ①

①○　**ダンテ**は，イタリア=ルネサンスの先駆者。『神曲』は，中世の知識人の共通語であるラテン語ではなく，フィレンツェを含むトスカナ地方の方言によって14世紀に書かれた。

②×　**ペトラルカ**は，叙事詩ではなく**叙情詩**に秀で，人文主義の提唱者としても知られる。

③×　イタリア戦争によって混乱した16世紀前半に，**マキァヴェリ**はイタリアの統一を訴え，『君主論』を著して政治における権謀術数の必要性を説いた。

④×　15世紀から16世紀にかけて活躍したレオナル=ド=ダヴィンチの代表作は，「モナ=リザ」「**最後の晩餐**」など。「**最後の審判**」は，同時代のミケランジェロの代表作。

まとめ　イタリア=ルネサンス

ダンテ	『神曲』	ジョット	
ペトラルカ	『叙情詩集』	ボッティチェリ	「ヴィーナスの誕生」
ボッカチオ	『デカメロン』	レオナルド=ダ=ヴィンチ	「最後の晩餐」「モナ=リザ」
マキァヴェリ	『君主論』	ミケランジェロ	「ダヴィデ」「最後の審判」
		ラファエロ	

78 ルネサンス期のイタリア　　解答 ④

①○　中世後半に，北イタリア都市はアジアとの**東方**(レヴァント)**貿易**によって繁栄し，この経済的基盤を背景にしてルネサンス文化が生まれた。

②○　中世後半には，先進的な**イスラーム文化**が，十字軍や東方貿易を通じてイタリアに流入した。

③○　15世紀にフィレンツェの実権を握った**メディチ家**は，学芸を保護した豪商の典型であった。

④×　ルネサンスの中心は，16世紀前半のイタリア戦争期に**フィレンツェからローマ**へ移った。

79 ルネサンス期の文学　　解答 ①

①×　15世紀から16世紀のネーデルラントの人文主義者エラスムスは，教会の腐敗を風刺した『**愚神礼賛**』を著した。『ユートピア』を著したのは，15世紀から16世紀のイギリスの人文主義者トマス=モアである。

②○　16世紀から17世紀のイギリスのシェークスピアは，『**ハムレット**』などの悲劇や喜劇・史劇などをのこした。

③○　16世紀から17世紀のスペインのセルバンテスは，風刺小説『**ドン=キホーテ**』を著して，騎士の没落を風刺した。

④○　15世紀から16世紀のフランスのラブレーは，『**ガルガンチュアとパンタグリュエルの物語**』を著し，人間の生活と社会を風刺した。

まとめ　西欧ルネサンス

チョーサー（英）	『カンタベリー物語』
トマス=モア（英）	『ユートピア』
エラスムス（ネーデルラント）	『愚神礼賛』
ラブレー（仏）	『ガルガンチュアとパンタグリュエルの物語』
モンテーニュ（仏）	『エセー(随想録)』
セルバンテス（スペイン）	『ドン=キホーテ』
シェークスピア（英）	『ハムレット』

80　大航海時代　　解 答　①

①×　**マゼラン(マガリャンイス)**はポルトガル人であるが，ポルトガル王ではなくスペイン王の命を受けて，大西洋を南下して世界周航に出発した。

②○　**コロンブス**は，トスカネリの地球球体説にもとづいて西航した。

③○　ポルトガルの**「航海王子」エンリケ**は，航海者の保護・育成にあたり，アフリカ大陸西岸の探検などを行わせた。

④○　**コロンブス**は，スペイン女王イサベル(イザベラ)の支援を得て，1492年に西インド諸島のサンサルバドル島に到達した。

まとめ　大航海時代

	スペイン		ポルトガル
15C			**「航海王子」エンリケ**　航海者の保護
			バルトロメウ=デイアス　喜望峰到達
	コロンブス　サンサルバドル島		
		トルデシリャス条約	
			ヴァスコ=ダ=ガマ　インド航路開拓
			カブラル　ブラジル
16C	**アメリゴ=ヴェスプッチ**　新大陸説		
	バルボア　パナマ地峡横断		
	コルテス　アステカ王国を滅ぼす		
	マゼラン　世界周航		
	ピサロ　インカ帝国を滅ぼす		

81　大航海時代のポルトガル　　解 答　④

①×　16世紀のポルトガルは，インド西海岸の**ゴア**に総督府を置き，明からマカオの居住権を得た。**マドラス**は，イギリスが17世紀に拠点としたインド東南

海岸の都市。

②× コロンブスのサンサルバドル島到達後，アジア・アフリカ方面はポルトガルの勢力圏，アメリカ大陸や西インド諸島方面は**スペインの勢力圏**とするトルデシリャス条約が結ばれた。ただし，ブラジルはポルトガル領，フィリピンはスペイン領であった。

③× ポルトガルは，おもに**香辛料**をアジアからヨーロッパへ輸入して銀をアジアへもたらした。砂糖は，当時の主要な商品ではなかった。

④○ 16世紀前半には，大西洋を利用するポルトガルとアジア方面との貿易がさかんになり，ポルトガルの都**リスボン**は世界商業の中心地の一つとなった。

82 古代アメリカ文明　解答 ④

①○ インカ帝国では，文字は使わず，縄の結び目によって記録する**キープ(結縄)**が使われた。

②○ メキシコ高原に成立したアステカ王国は，スペインの**コルテス**によって16世紀前半に滅ぼされた。

③○ **オルメカ文明**は，前10世紀頃からメキシコ湾岸地方に栄えた文明で，マヤ文明などに大きな影響を与えた。

④× **テオティワカン文明**は，アンデス地域ではなく現在のメキシコで栄えた。

83 ルターとカルヴァン　解答 ②

①○ ルターは，1517年に**贖宥状(免罪符)**販売をめぐって「九十五カ条の論題」を発表し，宗教改革を開始した。

②× ルターは，教皇側との論争の過程で，**教皇の権威も否定**するにいたった。

③○ カルヴァンは，スイスのジュネーヴで宗教改革を行い，魂の救済は神の予定によるとする**予定説**を説いた。

④○ カルヴァンは世俗的職業を神の予定として肯定し，結果としての**蓄財を認めた**。このことによって，カルヴァン派は市民階級の支持を得た。

まとめ 宗教改革

宗教改革

マルティン=ルター	九十五カ条の論題
ツヴィングリ	チューリヒ
カルヴァン	ジュネーヴ　予定説
ヘンリ8世	国王至上法(首長法)
エリザベス1世	統一法

対抗(反)宗教改革

トリエント公会議

イエズス会(ジェズイット教団)　ロヨラ・ザビエル

84 イギリスの宗教改革 解答 ④

①× ヘンリ８世は，**議会の同意**を得てイギリス国教会を成立させた。

②× 国王至上法(首長法)を制定してイギリス国教会を成立させたのはヘンリ８世。ヘンリ８世の娘メアリ１世は**カトリックを復活**した。なお，メアリ１世はスペインのフェリペ２世(皇太子時代)と結婚した。

③× イギリス国教会は国王至上法(首長法)によってローマ教皇から自立したが，儀式や制度の面では**カトリックと似た点が多くみられる**。カルヴァン派の長老制度は採用しなかった。

④○ メアリ１世の死後即位した**エリザベス１世**は，統一法を制定してイギリス国教会を確立した。

85 対抗宗教改革(反宗教改革) 解答 ③

①○ 対抗宗教改革(反宗教改革)の公会議は，北イタリアの**トリエント(トレント)**で開催された。

②○ トリエント公会議では，教皇の至上権と**カトリック教義を再確認**した。この会議後，カトリック教会は禁書目録を制定し，宗教裁判の実施を決定した。

③× イエズス会(ジェズイット教団)は，オランダ人ではなくスペイン人の**イグナティウス=ロヨラ**やフランシスコ=ザビエル（シャヴィエル）らによって設立された。

④○ イエズス会は積極的に海外布教を行い，日本や中国に対しても宣教師を派遣して布教活動を行った。日本では**フランシスコ=ザビエル**が，明末の中国では**マテオ=リッチ(利瑪竇)**が布教を行った。

86 宗教対立 解答 ③

①× 16世紀後半の**ユグノー戦争**は，ユグノー(フランスのカルヴァン派)とカトリック教徒との宗教戦争で，神聖ローマ帝国ではなくフランスで起こった。

②× 16世紀の神聖ローマ皇帝カール５世は**ハプスブルク家**の出身で，オーストリアやネーデルラント・スペインなどを支配した。スペイン王としてはカルロス１世である。一方，**ホーエンツォレルン家**はブランデンブルク辺境伯領やプロイセン公国・プロイセン王国を支配した家で，1871年にはヴィルヘルム１世がドイツ皇帝となった。

③○ 新教諸侯の組織した**シュマルカルデン同盟**は，皇帝カール５世を中心とするカトリック勢力に対抗した。

④× 1555年の**アウクスブルクの宗教和議**では，カトリックかルター派の選択権が，諸侯に与えられ，カルヴァン派や個人の信仰の自由は認められなかった。カルヴァン派に対して個人の信仰の自由が初めて認められたのは，フランス

でユグノー戦争を収拾するため，ブルボン朝の初代アンリ４世が発布した**ナントの王令**によってである。神聖ローマ帝国では，17世紀の三十年戦争のウェストファリア条約によって，カルヴァン派の信仰が認められた。

87 16世紀のスペイン 解答 ③

①× スペイン王のフェリペ２世ではなく**カルロス１世**が，神聖ローマ皇帝となり**カール５世**を称した。フェリペ２世は，カルロス１世の子でスペイン王に即位し，やがてポルトガル王を兼ねた。

②× インド西海岸のゴアを植民地としたのは**ポルトガル**。スペインは，アジアではフィリピンを植民地とし，マニラに拠点を置いた。

③○ フェリペ２世は16世紀半ば，ネーデルラントの**カルヴァン派**に迫害を加えて重税を課し，都市の自治権を侵害した。そのため，ネーデルラントでは独立戦争が起こった。

④× スペインのフェリペ２世が派遣した**無敵艦隊（アルマダ）**は，エリザベス１世時代のイギリス海軍に敗れた。それ以前にはスペイン海軍はヴェネツィアなどの海軍と連合して，レパントの海戦でオスマン帝国の艦隊を破っていた。

88 16・17世紀のオランダ 解答 ②

①○ 16世紀のネーデルラントでは**カルヴァン派**の信徒が勢力を拡大し，やがて独立戦争の中心となった。

②× 独立後のオランダの正式名称は**ネーデルラント連邦共和国**。独立戦争の指導者オラニエ公ウィレム（オレンジ公ウィリアム）は，国王ではなく総督になった。また，独立後のオランダは連邦国家であったため，強力な中央集権体制ではなかった。

③○ オランダは17世紀半ば，ケープタウンを拠点として**ケープ植民地**を開き，対アジア貿易の中継地とした。

④○ 17世紀のオランダでは，「夜警」を描いた**レンブラント**のほか，「近代自然法の父」「国際法の祖」と呼ばれる法学者のグロティウスや，哲学者のスピノザらが出た。

89 エリザベス１世 解答 ①

①○ イギリス国教会は，ヘンリ８世の発布した国王至上法（首長法）によって創設された。その後，メアリ１世によって一時カトリックが復活したが，エリザベス１世の**統一法**によってイギリス国教会は確立された。

②× ユグノーは，フランスのカルヴァン派。イギリスのカルヴァン派は，**ピューリタン**（清教徒）と呼ばれ，彼らが迫害を逃れてアメリカ大陸に移住したのは，

ステュアート朝のジェームズ１世の時代以降である。

③×　エリザベス１世時代に活躍した哲学者には，ロジャー=ベーコンではなく，経験論哲学の確立者である**フランシス=ベーコン**がいる。ロジャー=ベーコンは，13世紀の実験・観察を重視したスコラ学者。

④×　**無敵艦隊（アルマダ）**は，オスマン帝国ではなく**スペイン**の艦隊である。スペイン王フェリペ２世は，イギリス侵略を企てて無敵艦隊を派遣したが，イギリスのエリザベス１世によって撃破された。

まとめ　テューダー朝

ヘンリ７世	テューダー朝創始
ヘンリ８世	国王至上法　イギリス国教会創設　イギリス絶対王政の基礎
メアリ１世	カトリック復活
エリザベス１世	統一法　イギリス絶対王政盛期　テューダー朝断絶

90　リシュリュー　　解答　②

①×　ブルボン朝の初代アンリ４世は，ナントの王令を発布してユグノー戦争を収拾した。**サンバルテルミの虐殺**はユグノー戦争中の出来事で，ヴァロワ朝の時代。

②○　リシュリューは**ルイ13世**の宰相で，三十年戦争に新教側で参戦した。

③×　ルイ14世の幼年時代には，**マザラン**が摂政ではなく宰相として王権の強化につとめたが，貴族によるフロンドの乱が起こった。

④×　リシュリューは**ルイ15世**時代の人物ではない。ルイ15世時代には，七年戦争にさいしてオーストリアのマリア=テレジアと外交革命で同盟を結んだ。

まとめ　ブルボン朝

アンリ４世	ブルボン朝創始　ナントの王令　ユグノー戦争終結
ルイ13世	三部会招集停止　宰相リシュリュー　三十年戦争参戦
ルイ14世	宰相マザラン　フロンドの乱　ウェストファリア条約 親政　ヴェルサイユ宮殿建設　財務総監コルベール
ルイ15世	植民地戦争でイギリスに敗北
ルイ16世	フランス革命で処刑

91　17世紀のイギリス　　解答　①

①×　エリザベス１世の死によってテューダー朝が断絶すると，スコットランド王がイングランド王を兼ねることになり，**ジェームズ１世**が即位してステュアート朝を開いた。彼は，王権神授説を信奉して議会を無視するとともに，旧教徒ではなく**国教徒を保護**し，国教徒ではなく旧教徒や新教徒を弾圧した。

②○　ジェームズ１世の子チャールズ１世のときに議会が提出した**権利の請願**は，議会の承認しない課税に反対した。

③○　チャールズ１世の時代にピューリタン革命が起こり，議会派のうち実権を握った独立派のクロムウェルによって，**チャールズ１世は処刑**された。

④○　名誉革命のさいの権利の宣言とそれを立法化した**権利の章典**によって，議会主権にもとづく立憲君主政が確立し，議会の承認をへない課税は違法とされた。

まとめ　ステュアート朝

ジェームズ１世	ステュアート朝創始
チャールズ１世	権利の請願　ピューリタン革命で処刑
チャールズ２世	王政復古
ジェームズ２世	名誉革命で退位
メアリ２世・ウィリアム３世	権利の宣言　権利の章典
アン女王	スコットランド併合　ステュアート朝断絶

92　17・18世紀のイギリスの政治・思想　　**解答**　①

①○　**ロック**は，社会契約説の立場から『**統治二論（市民政府二論）**』を著し，圧政に対する抵抗権を主張して名誉革命を正当化した。さらにアメリカ独立宣言に影響を与えた。

②×　**ウォルポール**は，ハノーヴァー朝時代の18世紀前半の，トーリ党ではなくホイッグ党の政治家。彼の時代に，議会の多数党が内閣を組織し，議会に対して責任を負う**責任内閣制**が確立したとされる。

③×　**ホッブズ**は『**リヴァイアサン**』を著し，社会契約説を批判したのではなく社会契約説の立場に立ち，自然状態を賛美したのではなく，自然状態を「万人の万人に対する闘争」の混乱状態とした。そして，この混乱を避けるために，自然権を統治者に譲渡するとして絶対王政を擁護した。

④×　イギリスはステュアート朝の最後のアン女王時代に，アイルランドではなく**スコットランドを併合**して，大ブリテン王国となった。イギリスがアイルランドを併合したのは，ハノーヴァー朝時代の19世紀初め。

93　三十年戦争　　**解答**　④

①×　スウェーデン国王のグスタフ=アドルフは，三十年戦争にさいして**カトリック側ではなくプロテスタント側**で戦った。

②×　**三十年戦争は17世紀前半**。これに対してカルロス１世は，16世紀のスペイン王で，神聖ローマ皇帝に選ばれてカール５世となった。彼の治世に，スペインはアメリカ大陸に広大な植民地を獲得し，またルターの宗教改革が起

こった。

③× ヴァレンシュタインは，三十年戦争時の神聖ローマ皇帝の傭兵隊長で，**プロテスタント側ではなくカトリック側**で戦った。

④○ フランスはカトリック国であったが，ルイ13世の宰相リシュリューは，ハプスブルク家を弱体化するため，三十年戦争では**プロテスタント側**で戦った。

94 プロイセンの支配階層　解答 ②

①× **ブルジョワジー**は，産業革命によって成長した資本家階級をさす。プロイセンの上級官職を独占し，国政を担ったのは，地主貴族のユンカーである。

②○ プロイセンの支配階級**ユンカー**は，高級官僚や高級軍人の地位を独占していた。

③× **ジェントリ**はイギリスの地主階級で，地方政治を担っていた。

④× **コサック**は南ロシアの武装集団で，ツァーリによる治安維持や領土拡大に貢献した。シベリアを征服したイェルマークはその典型であるが，なかにはステンカ=ラージンやプガチョフのように，農民反乱を指導した人物も出た。

95 七年戦争　解答 ④

①○ オーストリアのマリア=テレジアがハプスブルク家領を相続したさいに発生したオーストリア継承戦争では，オーストリアはイギリスと結んでプロイセン・フランスと戦った。しかし，七年戦争直前に「外交革命」があり，**七年戦争**では，オーストリアはフランスと手を結び，またロシアとも結んで，イギリス・プロイセンと戦った。

②○ プロイセンのフリードリヒ２世は，オーストリア継承戦争でオーストリアから**シュレジエン**（シレジア）地方を奪い，七年戦争ではこの地方を確保した。

③○ イギリスは七年戦争中，インドのベンガル地方でフランスと**プラッシーの戦い**を行って勝利し，北米でもフランスを破った。

④× 七年戦争は，ヨーゼフ２世の母**マリア=テレジア**のプロイセンに対する復讐戦であった。

96 17世紀のロシア　解答 ①

①○ 17世紀前半に，ミハイル=ロマノフが**ロマノフ朝**を開始した。

②× ロシアのピョートル大帝（１世）は，ポーランド・デンマークと結んで，スウェーデンとの北方戦争を始めた。勝利してバルト海に覇権を確立したのは，**18世紀前半**である。

③× ステンカ=ラージンの乱は，17世紀後半コサックのステンカ=ラージンに指導された，貴族反乱ではなく**農民反乱**である。

④× ロシアが新都ペテルブルク(サンクト=ペテルブルク)を建設したのは，**18世紀**初めの北方戦争中。

97 エカチェリーナ2世 解答 ②

①× 18世紀後半のロシア皇帝エカチェリーナ2世が日本に派遣した使節は**ラクスマン**。日本との通商は開始されなかった。**ムラヴィヨフ**は，19世紀にニコライ1世が新設した東シベリア総督。

②○ 18世紀後半に，3度の**ポーランド分割**でポーランド王国が消滅した。第2回はフランス革命の影響でオーストリアが参加しなかったが，第1回と第3回はロシア・プロイセン・オーストリアの3国で分割された。ロシアのエカチェリーナ2世は3度とも参加した。なお第1回は，啓蒙専制君主として有名な3人の君主，フリードリヒ2世（普）・エカチェリーナ2世・ヨーゼフ2世(墺)が参加している。

③× 清の康熙帝と結んだ**ネルチンスク条約**は，17世紀後半の**ピョートル1世**の時代。ネルチンスク条約ではスタノヴォイ山脈(外興安嶺)が国境と定められた。

④× **ウズベク**人のブハラ(ボハラ)=ハン国・ヒヴァ=ハン国・コーカンド=ハン国の3ハン国がロシアの支配下に入ったのは19世紀後半。

98 七年戦争・フレンチ=インディアン戦争 解答 ③

①× 七年戦争・フレンチ=インディアン戦争でルイジアナを失ったのは，スペインではなく**フランス**である。ミシシッピ川以東のルイジアナはイギリスに，ミシシッピ川以西のルイジアナはスペインに，それぞれ割譲された。

②× フランスは，この戦争で**北米地域での植民地をすべて失い**，中米地域での覇権も確立してはいない。

③○ この戦争の戦費を捻出するため，イギリスは北米植民地に対して印紙法などによる**課税の強化**を行った。

④× 南アフリカの**ケープ植民地**は，すでに17世紀にオランダによって建設されている。

99 ヨーロッパ諸国の東南アジア進出 解答 ④

①× 16世紀の大航海時代に，最初に東南アジアへ進出して香辛料貿易を独占したのは**ポルトガル**である。

②× フランスではなく**イギリス**が，17世紀前半のアンボイナ事件でオランダによって東南アジアから締め出された。

③× マレー半島のマラッカは，16世紀に**ポルトガル**によって占領されたが，その後オランダが支配した。イギリスは，19世紀にペナン・シンガポールとと

もにマラッカを支配して，海峡植民地を形成した。

④○　フィリピンはマゼランが到達したのちにスペイン領となり，**マニラ**はスペインのフィリピン経営の中心となった。

100　北アメリカ大陸の植民地　解答　①

①○　17世紀後半のイギリス=オランダ(英蘭)戦争の時期に，**イギリス**はオランダ領ニューネーデルラント(ニューネザーランド)植民地を奪い，その植民地と中心都市ニューアムステルダムをともにニューヨークと改称した。

②×　ミシシッピ川以東のルイジアナがフランスからイギリスに割譲されたのは，**七年戦争のパリ条約で1763年**。なお，ミシシッピ川以西のルイジアナも同じ条約で，イギリスがスペインからフロリダを獲得した穴埋めとして，フランスからスペインに割譲された。

③×　ニューイングランド植民地は，カトリックではなく**ピューリタン**を中心に建設された。

④×　ヴァージニアなどの初期のイギリス領北アメリカ植民地の南部では，**黒人奴隷**を労働力とするタバコ=プランテーションが成立した。インディアンは西方へ駆逐され，労働力とされなかった。

101　ヨーロッパの自然科学　解答　①

①○　イギリスの経験論の祖フランシス=ベーコンは，経験的事実から一般的法則を獲得する学問的方法である**帰納法**を確立した。これに対してフランスの合理論のデカルトは，一般的法則から出発する**演繹法**を用いた。

②×　16世紀にコペルニクスが**地動説**を唱え，17世紀後半にニュートンが天体の研究から出発して万有引力を発見した。

③×　動植物の分類学を確立したのは，18世紀のスウェーデンの**リンネ**。**ハーヴェー**は17世紀のイギリスの学者で，血液の循環を立証した。

④×　ボイルは17世紀のイギリスの化学者で，「近代化学の父」とされる。質量不変の法則は，18世紀末のフランスの**ラヴォワジェ**が発見した。

102　17・18世紀の美術・建築　解答　④

①○　**ルーベンス**は，バロック絵画を代表する画家。バロック画家として，ほかにはオランダのレンブラント，スペインのベラスケスらが有名である。

②○　**ワトー**はロココ式を代表する画家である。

③○　ルイ14世の建てた**ヴェルサイユ宮殿**は，バロック様式の代表的建築である。

④×　オーストリアのマリア=テレジアではなくプロイセンのフリードリヒ２世が建てた**サンスーシ宮殿**は，ロココ様式代表的建築である。

103 アメリカ独立戦争の背景 解答 ②

①× 1765年の**印紙法**に対して植民地人の間に強い反対運動が起こり，この法令はまもなく撤廃された。

②○ 七年戦争の戦費や植民地の警備費をまかなうため，イギリスは**重商主義政策を強化**し，植民地への課税を行った。

③× **茶法**は，植民地における茶の独占販売権を東インド会社に与えたもので，課税法ではない。

④× 「**代表なくして課税なし**」は，印紙法に対する反対運動の過程で登場したスローガンで，トマス=ペインの言葉ではない。トマス=ペインの『コモン=センス』は独立戦争開始の翌1776年に出版され，アメリカ独立の必要を強調して，ジェファソンの起草した同年の独立宣言に影響を与えた。

まとめ アメリカ独立戦争

パリ条約(1763)
　イギリスが植民地戦争で勝利
印紙法　「代表なくして課税なし」
茶法　ボストン茶会事件
レキシントンの戦い・コンコードの戦い
『コモン=センス』　独立宣言
フランス・スペイン参戦
ロシア　武装中立同盟
パリ条約(1783)　イギリスが独立承認
憲法制定会議　アメリカ合衆国憲法

104 アメリカ独立革命 解答 ①

①○ 独立戦争が始まった翌年，トマス=ペインが『コモン=センス』を発表すると，アメリカ植民地における独立の世論が高まり，**アメリカ独立宣言**が発表された。

②× ジェファソンではなく**ワシントン**が，13植民地軍の総司令官に任命された。ジェファソンは，アメリカ独立宣言の起草者で，19世紀初めに大統領に就任した。

③× **武装中立同盟**は，ロシアのエカチェリーナ２世が提唱し，イギリスはこれに参加したのではなく，これによって国際的に孤立した。

④× ヨークタウンの戦いは，アメリカ独立革命における最後の戦いで，イギリスではなく**植民地側が勝利**した。そして，パリ条約でイギリスはアメリカ合衆国の独立を認めた。

105 フランス革命 解答 ③

①× 国民議会(憲法制定国民議会)ではなく**立法議会**の時代に，ジロンド派内閣がオーストリアに宣戦布告し，戦争を開始した。

②× 立法議会ではなく**総裁政府**が，ナポレオン=ボナパルトによるブリュメール18日のクーデタで倒された。

③○　国民公会で**革命暦**が採用され，ナポレオン１世の第一帝政時代に廃止されてグレゴリウス暦が復活した。

④×　総裁政府ではなく**国民公会**で，王政は廃止されて第一共和政となり，国王ルイ16世は処刑された。

まとめ　フランス革命

国民議会	バスティーユ牢獄襲撃　封建的特権の廃止　人権宣言　ヴェルサイユ行進 ヴァレンヌ逃亡事件　1791年憲法
立法議会	ジロンド派　対オーストリア宣戦　８月10日事件　王権停止
国民公会	王政廃止　ルイ16世処刑　ジャコバン派独裁　封建地代の無償廃止 1793年憲法　最高価格令　テルミドール９日のクーデタ　1795年憲法
総裁政府	バブーフの陰謀発覚　ナポレオン　イタリア遠征・エジプト遠征 ブリュメール18日のクーデタ

106　ナポレオン戦争　　**解答**　③

①×　第一帝政を開始したナポレオン１世は，**トラファルガーの海戦**で，勝利したのではなくイギリスのネルソン提督に敗れた。しかし，アウステルリッツの三帝会戦ではロシア・オーストリア両皇帝を破り，ライン同盟を結成した。この結果，神聖ローマ帝国は消滅した。さらに，プロイセンの首都ベルリンを占領して**大陸封鎖令**を発布し，イギリスに対抗した。

②×　アメリカ合衆国はナポレオン戦争に中立を保ったが，イギリスの海上封鎖に対抗して**アメリカ=イギリス(米英)戦争**を開始した。

③○　ナポレオン戦争に敗れたプロイセンでは，**シュタインとハルデンベルクを中心に国制改革**が行われ，農民解放・行政改革・軍制改革・教育改革などが行われた。

④×　1815年のウィーン議定書によって，**南ネーデルランド**はオーストリアからオランダに割譲された。なお，この南ネーデルランドは，1830年のフランス七月革命にさいしてベルギーとしてオランダから独立した。

まとめ　ナポレオン

統領政府	第一統領→終身統領　ナポレオン法典	
第一帝政	ナポレオン１世	
	トラファルガーの海戦	ロシア遠征
	アウステルリッツの戦い	ライプツィヒの戦い→エルバ島
	ライン同盟→神聖ローマ帝国消滅	ウィーン会議
	大陸封鎖令	百日天下
	ティルジット条約→プロイセン改革	ワーテルローの戦い→セントヘレナ
	スペイン反乱	

107 イギリスの産業革命　　解答 ③

①×　飛び杼(ひ)(梭)を発明したのは**ジョン=ケイ**。**カートライト**は力織機の発明者。

②×　**ハーグリーヴズ**は多軸（ジェニー）紡績機を発明した。コークス製鉄法は，ダービー父子が開発した。

③○　**ニューコメン**の蒸気機関を**ワット**が改良し，紡績機や織機，さらに交通機関の動力に利用されるようになった。

④×　ミュール紡績機は**クロンプトン**が発明した。**アークライト**が発明したのは水力紡績機。

まとめ　産業革命の発明・改良

布(織機)

ジョン=ケイ　**飛び杼(梭)**

カートライト　**力織機**

糸(紡績機)

ハーグリーヴズ　**多軸紡績機**

アークライト　**水力紡績機**

クロンプトン　**ミュール紡績機**

原料

ホイットニー　**綿繰り機**

動力

ワット　**蒸気機関**

輸送手段

フルトン　**蒸気船**

スティーヴンソン　**蒸気機関車**

108 18・19世紀のイギリス社会　　解答 ③

①×　**マニュファクチュア**(工場制手工業)は，機械を導入する以前の生産形態。

②×　18世紀の第２次**囲い込み**(エンクロージャー)は，16世紀の第１次囲い込みと異なり，議会の承認を得て大規模に行われた。

③○　産業革命の進展と資本主義体制の確立は，経済構造の変化を生み，人口の都市集中をもたらした。その結果，**マンチェスター**などの工業都市やリヴァプールなどの商業都市が発達した。

④×　資本主義体制の確立とともに，労働者の貧困や労働者と資本家の対立など，労働問題・社会問題が発生した。しかし，労働者の政党として**労働党**が結成されるのは，20世紀初頭のことである。

Ⅵ ウィーン体制とナショナリズムの時代

109 ウィーン会議とウィーン体制　解答 ②

①○　ウィーン会議を主導したロシア・オーストリア・プロイセン・イギリスは，軍事同盟として**四国同盟**を結んだ。四国同盟はやがてフランスを加えて五国同盟へと発展した。

②×　フランス革命以前を正統とする正統主義は，フランス代表タレーランが主張して，ウィーン体制の指導原理となった。しかし**神聖ローマ帝国は復活せず**，ドイツにはオーストリアを中心とするドイツ連邦が成立した。

③○　ウィーン会議の結果，イギリスはオランダからケープ植民地とセイロン島を獲得した。さらに1820年代にイギリスは，カニング外相のもとで**ラテンアメリカ諸国の独立**を支持・援助したが，これには，イギリスの産業革命後の市場を拡大するねらいがあった。

④○　1820年代の**ギリシア独立戦争**にさいして，ウィーン体制の中心人物であったオーストリアのメッテルニヒは，独立に反対したが，バルカン半島や東地中海域への進出をめざすロシア・イギリス・フランスがギリシアの独立戦争を支援したため，独立は達成された。

まとめ　ウィーン体制

ウィーン会議	メッテルニヒ(墺)中心 タレーラン(仏)　正統主義 勢力均衡 神聖ローマ帝国復活せず ウィーン体制成立
神聖同盟	ロシア皇帝　アレクサンドル１世提唱 英・ローマ教皇・オスマン帝国不参加
四国同盟	英・露・普・墺　→五国同盟　仏参加

110 フランス七月革命　解答 ③

①×　七月革命によって，ルイ=フィリップではなくブルボン復古王政の**シャルル10世**が退位し，オルレアン家の**ルイ=フィリップ**が即位し，七月王政を開始した。

②×　七月革命後のフランスでは，**男性普通選挙制度は実施されず**，極端な財産資格にもとづく選挙制度が行われた。そのため，選挙法改正運動を契機に二月革命が発生した。

③○　ウィーン会議で南ネーデルランドはオランダ領となったが，七月革命の影響を受けて**ベルギーとして独立**した。

④× **ブルシェンシャフト**と呼ばれるドイツ学生組合は，七月革命以前の1810年代にドイツの統一を求めて運動を起こしたが，メッテルニヒによって弾圧された。

111 フランス二月革命　　解答 ③

①× **二月革命**は，新たな課税ではなく選挙法改正運動に対する弾圧を契機に起こった。

②× 二月革命によってオルレアン家の国王**ルイ=フィリップ**が退位し，七月王政は崩壊した。ブルボン復古王政の王シャルル10世は，1830年の七月革命で退位した。

③○ 七月王政の崩壊後，共和派によって臨時政府が成立し，第二共和政が始まった。臨時政府には自由主義者とともに，**ルイ=ブラン**らの社会主義者も参加した。

④× 臨時政府はルイ=ブランの要求を入れて，失業者救済のために国立作業場を設置したが，とくに農民はこの国立作業場の運営に不満をもち，**四月普通選挙**で社会主義者は大敗を喫した。この結果を受けて６月に国立作業場が閉鎖されると，パリの労働者が蜂起した。これが**六月蜂起**である。

112 ドイツ三月革命　　解答 ③

①× **ウィーン三月革命**後もオーストリアでは帝政がつづいた。オーストリアが共和政になったのは，第一次世界大戦の末期。

②× メッテルニヒはオーストリアの宰相で，プロイセンの**ベルリン三月革命**ではなくウィーン三月革命で失脚して亡命し，ウィーン体制は崩壊した。

③○ 三月革命を機に**フランクフルト国民議会**が開かれ，ドイツ統一が論議されたが，プロイセンを中心にオーストリアを排除しようとする小ドイツ主義と，オーストリアを中心に統一を実現しようとする大ドイツ主義とが対立した。

④× プロイセンを中心に**ドイツ関税同盟**が結成されたのは，ドイツ三月革命(1848)以前の1830年代。

まとめ ドイツ統一

ドイツ連邦　オーストリア中心
ドイツ関税同盟　プロイセン中心
フランクフルト国民議会　大ドイツ主義対小ドイツ主義
プロイセン　ヴィルヘルム１世　ビスマルク　鉄血政策
プロイセン=オーストリア戦争　北ドイツ連邦　オーストリア=ハンガリー帝国
プロイセン=フランス戦争　ドイツ帝国

113 穀物法　**解答** ①

①×　**穀物法**は，穀物の輸出を禁じた法ではない。ナポレオン1世の没落によって大陸封鎖令が無効になると，ロシアなどの安い穀物が大量に輸入され，イギリスの地主は大きな打撃を受けた。そのため，イギリスでは1815年に，輸入穀物に高い関税を課す穀物法が制定された。

②○　穀物法は労働者の生活を圧迫し，**産業資本家**の利害にも反した。産業資本家の発言力の高まりを受けて，穀物法は廃止された。

③○　産業資本家の**コブデン**や**ブライト**は，穀物法廃止運動を推進した。

④○　1840年代には，穀物法廃止につづいて**航海法が廃止**された。

114 フランス第三共和政　**解答** ④

①○　臨時政府が，プロイセン=フランス(普仏，ドイツ=フランス)戦争中にプロイセンを中心に成立したドイツ帝国とのあいだで，屈辱的な条約を結ぶと，パリの民衆は**パリ=コミューン**と呼ばれる自治政権を樹立した。このパリ=コミューンは，世界最初の労働者の革命政権といわれる。

②○　1890年代には，ユダヤ系軍人の**ドレフュス**がドイツのスパイとして終身刑となり，真犯人が判明しても無罪・釈放とはならなかった。このため，国論を二分する大論争が起こった。自然主義作家**ゾラ**らがドレフュス擁護のために論陣を張り，アフリカのスーダン(現在の南スーダン)で発生したファショダ事件では，フランスはイギリスに譲歩せざるをえなかった。また，19世紀末，パレスチナにユダヤ人国家を建設しようというシオニズム運動が起こった。

③○　1880年代には，対独復讐を主張する**ブーランジェ**将軍が，大衆的人気を背景にクーデタ未遂事件を起こした。

④×　**第三共和政**は，第一次世界大戦ではなく第二次世界大戦中の1940年にナチス=ドイツがパリを占領して終わった。第四共和政は第二次世界大戦後に成立した。1958年以降は**第五共和政**である。

115 ヨーロッパのナショナリズム　**解答** ④

①×　**ブルシェンシャフト**は，ドイツの農民政党ではなく学生同盟。

②×　ハンガリーでは，コシューシコではなく**コシュート**を中心に民族運動が高揚したが，オーストリアに弾圧された。コシューシコはポーランド人で，18世紀末のポーランド分割に反対闘争を展開した。

③×　1860年代のポーランドでは，**フランスからではなくロシアからの独立**をめざす反乱が起こった。

④○　マッツィーニ率いる**青年イタリア**は，カルボナリの活動を受け継ぎ，イタリ

ア統一をめざしたが，弾圧によって衰退した。マッツィーニは，二月革命の影響を受けてローマ共和国を指導したが，フランスの干渉で失敗した。

116 イタリア統一運動　解答 ①

①○　サルデーニャ王国の首相**カヴール**の活躍で1861年にイタリア王国が成立し，サルデーニャ国王**ヴィットーリオ＝エマヌエーレ２世**が初代イタリア国王となった。

②×　カヴールは**ナポレオン３世**の協力の約束を得て，オーストリアとのイタリア統一戦争を開始した。

③×　カヴールは英・仏に接近するため，直接利害関係のないクリミア戦争に参戦し，ナポレオン３世の協力の約束を得た。そして，**イタリア統一戦争**でオーストリアから**ロンバルディア**を獲得した。ヴェネツィアを併合したのはイタリア王国成立後で，プロイセン=オーストリア(普墺)戦争のときであった。

④×　イタリア統一戦争後，カヴールは，オーストリアではなく**フランス**のナポレオン３世に中部イタリア併合を承認させ，サヴォイア・ニースをフランスに割譲した。

まとめ　イタリア統一

サルデーニャ王国　ヴィットーリオ=エマヌエーレ２世　カヴール
クリミア戦争参戦　ナポレオン３世に接近
イタリア統一戦争　ロンバルディア獲得
中部イタリア併合　サヴォイア・ニース→仏に割譲
ガリバルディ　両シチリア王国占領
イタリア王国成立
プロイセン＝オーストリア戦争　ヴェネツィア併合
プロイセン＝フランス戦争　ローマ教皇領併合
「未回収のイタリア」(南チロル・トリエステ)

117 イタリア王国の領土拡大　解答 ④

①×　**ガリバルディ**は，イタリア王国の成立後ではなく直前に，征服したシチリア島とイタリア半島南部をサルデーニャ国王ヴィットーリオ=エマヌエーレ２世に献じた。

②×　**プロイセン=オーストリア(普墺)戦争**にさいしてイタリアはプロイセンと結び，オーストリア領のロンバルディアではなく**ヴェネツィア**を奪った。ロンバルディアは，サルデーニャ王国がイタリア統一戦争でオーストリアから獲得した。

③×　**「未回収のイタリア」**は，プロイセン=フランス(普仏，ドイツ=フランス)戦争の結果ではなく第一次世界大戦後オーストリアと結んだサン=ジェルマン

条約でイタリア領となった。プロイセン=フランス戦争では，イタリア王国はローマ教皇領を併合した。

④○　**プロイセン=フランス（普仏）戦争**にさいしてイタリアが**教皇領を併合**したため，教皇はイタリア国王と対立したが，戦間期にムッソリーニ政権と教皇庁の間でラテラン条約が結ばれ，ヴァチカン市国が成立して解決した。

118　ビスマルクとドイツ帝国　　解答　②

①×　ビスマルクは，プロイセン=オーストリア（普墺）戦争で**オーストリアに勝利**し，オーストリアを排除して北ドイツ連邦を結成した。一方オーストリアはオーストリア=ハンガリー帝国を成立させた。

②○　ビスマルクは，プロイセン=フランス（普仏）戦争末期にドイツ帝国を成立させ，**戦争に勝利**してフランスからアルザス・ロレーヌを獲得した。

③×　ヴィルヘルム1世ではなく**ヴィルヘルム2世**がビスマルクと対立し，1890年にビスマルクを失脚させた。

④×　ドイツ帝国は，1882年にオーストリアと，フランスではなく**イタリア**とともに，三国同盟を結成した。

119　フロンティア開拓　　解答　④

①○　メキシコから独立したテキサスをアメリカ合衆国が併合すると，アメリカ=メキシコ戦争が起こり，勝利したアメリカ合衆国は，メキシコから**カリフォルニア**を獲得した。

②○　アメリカ合衆国のフロンティア開拓は，アメリカ大陸を神から与えられたものとする「**明白な天命**」によって正当化された。

③○　**先住民のインディアン**に対しては，強制移住法などが適用されたため，彼らは，従来の居住地を追われて西部の保留地に移住させられ，その後も圧迫されていった。

④×　**モンロー教書**は，ヨーロッパ列強によるラテンアメリカ独立への干渉に反対するために出された。

まとめ　19世紀のアメリカ合衆国

ジェファソン
　ミシシッピ川以西のルイジアナ買収
モンロー
　モンロー教書
ジャクソン
　先住民強制移住法
アメリカ=メキシコ戦争
　カルフォルニア獲得
リンカン
　南北戦争　奴隷解放宣言
マッキンリー
　アメリカ=スペイン戦争

120 南北戦争　解答 ③

①× 北部ではなく**南部**諸州が結成したアメリカ連合国が，首都をリッチモンドに置いた。

②× 共和党のリンカンが**アメリカ合衆国の大統領**に当選すると，南部諸州がアメリカ連合国を結成し，これを認めないアメリカ合衆国とのあいだで南北戦争が起こった。

③○ 北部は保護関税貿易と奴隷制廃止を，**南部は自由貿易と奴隷制の存続**を主張した。

④× ゲティスバーグの戦いでは，南軍ではなく**北軍が勝利**を収めた。その後，リンカンは戦いの地で，「人民の，人民による，人民のための政治」の演説を行った。

121 南北戦争後から19世紀末までのアメリカ合衆国　解答 ①

①× 南北戦争後，奴隷制は正式に廃止されたが，**黒人に土地は与えられず**，シェアクロッパーと呼ばれる小作人となった。

②○ 南北戦争後の1869年に**大陸横断鉄道**が開通した。

③○ 1890年にアメリカ合衆国政府は**フロンティアの消滅**を発表し，これはアメリカ合衆国の海外進出のきっかけともなった。

④○ アメリカ合衆国では，経済発展にともなって独占企業が成長し，その弊害を抑えるため**反トラスト法**が制定された。

122 19世紀のロシア　解答 ③

①× **エカチェリーナ２世**は，18世紀後半のロシア皇帝。また，**カルボナリ**はウィーン体制下の，ロシアではなくイタリアの秘密結社。

②× プガチョフの反乱は，18世紀後半のエカチェリーナ２世時代に起こった。ニコライ１世は，19世紀に**デカブリストの乱**を鎮圧し，ギリシア独立戦争・エジプト=トルコ戦争に介入，さらにクリミア戦争を起こした。

③○ クリミア戦争敗北後，アレクサンドル２世は**農奴解放令**を発し，ロシアの近代化をめざした。

④× ニコライ２世の治世下で国会（ドゥーマ）が開催されたのは，19世紀ではなく**第１次ロシア革命**後の20世紀初め。

123 ロシアと北アメリカ　解答 ③

①× イェルマークは，18世紀前半ではなく16世紀後半のモスクワ大公**イヴァン４世時代**に，アラスカではなくシベリア征服を行った。アラスカに到達したのは18世紀のベーリング。

②×　ロシア皇帝エカチェリーナ２世は，アメリカ独立戦争にさいして，イギリスに宣戦布告したのではなく，**武装中立同盟**を結成してアメリカの独立を間接的に支援した。

③○　ロシア帝国は，南北戦争後，アメリカ合衆国に**アラスカ**を売却した。

④×　ロシア帝国は日露戦争に敗北し，アメリカ合衆国大統領セオドア=ローズヴェルトの仲介で，中国ではなく**日本とポーツマス条約を結んだ**。

124　ロシア=トルコ(露土)戦争　　解答　②

①×　オスマン帝国(トルコ)を助けた英仏両国とロシアとのあいだで戦われ，パリ条約で終結したのは，1850年代の**クリミア戦争**。なお，クリミア戦争には遅れてサルデーニャ王国も参戦している。

②○　ロシア=トルコ戦争の講和条約として結ばれた**サン=ステファノ条約**では，オスマン帝国からのセルビア・ルーマニア・モンテネグロの独立や，広大なブルガリアをロシアの保護下に置くことが認められた。

③×　サン=ステファノ条約に対してイギリスとオーストリアが反対したため，ドイツの宰相ビスマルクの調停によってベルリン会議が開かれ，ベルリン条約が成立してサン=ステファノ条約が廃棄された。**セルビア・ルーマニア・モンテネグロの独立**は改めて承認されたものの，ブルガリアについては領土が縮小されたうえ，ロシアの保護権は認められなかった。オーストリアはセルビア・ルーマニア・モンテネグロの統治権ではなく，**ボスニア・ヘルツェゴヴィナの統治権**を認められた。またイギリスも，キプロス島の統治権を認められた。

④×　ロシア=トルコ戦争の結果，ブルガリアやアルバニアはなおオスマン帝国領内にとどまり，イスタンブルを除いてヨーロッパ大陸の領土すべてを失ったとはいえない。オスマン帝国がイスタンブルを除いてヨーロッパ大陸の領土すべてを失ったのは，**第１次バルカン戦争後**である。

125　19世紀以降の医学や科学上の業績　　解答　②

①×　キュリー夫妻は，**ラジウム**を発見した。X線を発見したのはレントゲン。

②○　ドイツの**コッホ**は，結核菌・コレラ菌などの病原菌を発見して細菌学の基礎を確立した。

③×　メンデルは，**遺伝の法則**を発見した。相対性理論は20世紀にアインシュタインが提唱した。

④×　ファラデーは，**電磁気学の発展**に貢献した。エネルギー保存の法則を発見したのは，ドイツのマイヤーとヘルムホルツ。

126 写実主義・自然主義の文学 解答 ④

①× **トルストイ**がナポレオン戦争期のロシアを描いたのは『戦争と平和』。『罪と罰』は**ドストエフスキー**の作品。

②× 『赤と黒』はフランスの**スタンダール**の作品。**ディケンズ**はイギリスの写実主義の作家。

③× フランスの**ヴィクトル=ユゴー**が『**レ=ミゼラブル**』で描いたのは，貴族の悲哀ではなくて，不幸な庶民の生活である。

④○ **ゾラ**はフランス自然主義の作家であり，ドレフュス事件でドレフュス擁護の論陣を張ったことでも知られる。

127 19世紀の歴史学・社会科学・哲学 解答 ④

①× ダーウィンではなく，ドイツの**ランケ**が近代歴史学を創始した。イギリスの**ダーウィン**は，『種の起源』を著して進化論を提唱した。

②× ニーチェではなく，イギリスの**ベンサム**が「最大多数の最大幸福」を唱えて功利主義の哲学を創始した。**ニーチェ**はドイツの哲学者で，実存主義の先駆となった。

③× アダム=スミスが『諸国民の富(国富論)』を著して，古典派経済学を創始したのは，**18世紀**。

④○ **マルクス**は，19世紀ドイツの社会主義者・思想家で，ヘーゲル哲学を批判的に継承し，弁証法的唯物論・唯物史観を確立した。

128 1890年前後のアメリカ合衆国 解答 ③

①× アメリカ合衆国がグアムを獲得したのは，セオドア=ローズヴェルト大統領ではなく**マッキンリー大統領**時代のアメリカ=スペイン(米西)戦争による。

②× **ローズ**はイギリス人で，ケープ植民地の首相として帝国主義政策を進めた。アメリカ合衆国から派遣されたわけではない。

③○ アメリカ合衆国は19世紀末，アメリカ大陸の諸国を指導下に置こうとして**パン=アメリカ会議**を開いた。

④× **キューバ**は，アメリカ=スペイン戦争でスペインから独立したが，アメリカ合衆国が事実上保護国化した。

129 第一次世界大戦前のロシア 解答 ②

①○ 1890年に再保障条約の更新がドイツによって拒否されると，ロシアはフランスに接近して**露仏同盟**が成立した。この前後からフランス資本がロシアへ流入し，ロシアでは産業革命が進展するとともに，シベリア鉄道の建設も始まった。

②×　ロシアは，19世紀後半から**パン=スラヴ主義**を掲げてバルカン半島へ進出し，パン=ゲルマン主義を掲げるオーストリア・ドイツと対立した。1910年代には，ロシアに支援されて**バルカン同盟**がセルビア・モンテネグロ・ブルガリア・ギリシアによって結成された。

③○　日露戦争中の1905年にペテルブルクでの**血の日曜日事件**を契機として**第１次ロシア革命**が発生した。

④○　第１次ロシア革命後，**ストルイピンは土地改革**によってミール（農村共同体）の解体を進め，自作農を創設しようとしたが，成果を上げることはできなかった。

Ⅶ 欧米諸国の侵略

130 19世紀のイスラーム世界　　解　答　①

①○　カージャール朝は，19世紀前半にロシアと不平等条約の**トルコマンチャーイ条約**を結び，アルメニアを割譲した。

②×　オスマン帝国では19世紀後半，アブデュルメジト１世ではなく**アブデュルハミト２世**時代にミドハト憲法が制定されたが，ロシア=トルコ(露土)戦争の勃発を理由に停止された。アブデュルメジト１世は，19世紀前半にタンジマートを開始した。

③×　スエズ運河は，19世紀後半に**フランスとエジプトの資本**で建設された。その後，イギリスのディズレーリ保守党政府がスエズ運河会社のエジプト持ち株を買収した。

④×　タバコ=ボイコット運動は，アラビア半島ではなくイランの**カージャール朝**で起こった。

まとめ　19世紀から20世紀初めの西アジア・南アジア

オスマン帝国	カージャール朝	ムガル帝国
タンジマート	トルコマンチャーイ条約	
アブデュルメジト１世	バーブ教徒の反乱	シパーヒーの反乱
ミドハト憲法		
ミドハト=パシャ		インド帝国
アブデュルハミト２世が停止		インド国民会議
「統一と進歩委員会」	タバコ=ボイコット運動	
青年トルコ革命	イラン立憲革命	ベンガル分割令
		カルカッタ大会

131 イギリスのインド支配　　解　答　④

①×　イギリスは，19世紀半ばに**シパーヒーの反乱**を鎮圧したのちに，全インドを直接支配した。18世紀半ばのプラッシーの戦いではフランスとベンガル諸侯の連合軍を破り，インドの植民地化を開始した。

②×　シパーヒーの反乱中に，イギリスは**ムガル帝国を復活させたのではなく滅ぼし**，イギリス東インド会社を解散した。

③×　農民から直接徴税するのは**ライヤットワーリー制**で，地主・領主から徴税するのがザミンダーリー制。

④○　19世紀後半に，イギリスのディズレーリ保守党政府はヴィクトリア女王をインド皇帝としてインド帝国を成立させた。さらに，インドの民族運動を懐柔するため**インド国民会議**を発足させた。

132 東南アジアの植民地化　解答　④

①×　フランスは，ベトナム・カンボジアでフランス領インドシナ連邦を形成し，さらにラオスをこれに編入して植民地として支配した。マレー半島は，フランスではなくイギリスが**海峡植民地・マレー連合州**として植民地化した。

②×　ポルトガルではなく**オランダ**が，ジャワ島で現地の農民にコーヒーなどの商品作物を栽培させる強制栽培制度を行って利益を上げた。

③×　ドイツではなく**スペイン**が，19世紀末までフィリピンを支配した。1898年のアメリカ=スペイン(米西)戦争でスペインは敗れ，**アメリカ合衆国にフィリピンを割譲**した。

④○　イギリスは，19世紀のビルマ戦争の結果，ミャンマー(ビルマ)のコンバウン(アラウンパヤー)朝を滅ぼし，**インド帝国に併合**した。

133 アフリカの植民地化と抵抗　解答　①

①○　エジプトでは，1880年代に「エジプト人のためのエジプト」をスローガンに掲げた**ウラービー運動**が起こったが，イギリスがこれを鎮圧し，事実上の保護国とした。

②×　マフディー派の抵抗は，イタリアではなく**イギリス**に対して行われ，鎮圧したイギリスがスーダンを植民地化した。イタリアは，19世紀末にソマリランドやエリトリアを植民地化し，20世紀初頭にリビア(トリポリ・キレナイカ)を植民地化した。

③×　エチオピアは，19世紀末にイギリス軍ではなく**イタリア**軍をアドワの戦いで破って独立を維持した。しかし1930年代には，イタリアのムッソリーニ政権によって植民地化された。

④×　トランスヴァール共和国は，オランダ系のブール人が建てた国。19世紀末から20世紀初めの南アフリカ戦争で，同じくブール人のオレンジ自由国とともに敗れて**イギリス領**となった。

134 太平洋の植民地分割　解答　②

①×　オーストラリアの先住民は**アボリジニー**。ニュージーランドの先住民がマオリ人。

②○　ニューギニアは，**西部がオランダ**，**北東部がドイツ**，**南東部がイギリス**の，それぞれ支配下に入った。

③×　**ハワイ**は，19世紀末のアメリカ=スペイン(米西)戦争中にアメリカ合衆国領となったが，それ以前はハワイはスペイン領ではなく独立国であった。アメリカ合衆国は，アメリカ=スペイン戦争に勝利して，スペインからプエルトリコ・グアム・フィリピンを割譲された。

④× オーストラリア・ニュージーランドは，20世紀初めに**イギリスの自治領**となった。

135 イギリスと清の貿易　　解答 ④

①× 清は乾隆帝時代の18世紀半ばに，ヨーロッパとの貿易港を泉州ではなく**広州**1港に限定し，公行（コホン）という特許商人の組合に貿易を独占させた。

②× イギリスは，貿易拡大のためにゴードンではなく，18世紀末に**マカートニー**を，19世紀初頭に**アマースト**を派遣したが交渉は失敗した。ゴードンは，太平天国鎮圧に常勝軍を率いたイギリスの軍人である。

③× イギリス東インド会社は，アヘン戦争勃発以前の**1830年代**に貿易独占権を失った。

④○ 清からの茶の輸入による銀の流出を防ぐために，イギリスはインドから清へアヘンを密輸し，さらにイギリスからインドに綿織物を輸出する**三角貿易**を形成した。

まとめ 19世紀～20世紀初めの中国

アヘン戦争	南京条約　虎門寨追加条約 望厦条約　黄埔条約	**太平天国の乱**	「滅満興漢」 洪秀全　拝上帝会
アロー戦争	天津条約　北京条約	**洋務運動**	曾国藩・李鴻章 同治の中興
清仏戦争	天津条約		
日清戦争	下関条約　三国干渉 中国分割	**戊戌の変法** **戊戌の政変**	康有為 西太后
義和団事件	「扶清滅洋」　北京議定書 半植民地化		

136 アヘン戦争　　解答 ④

①× 洪秀全ではなく**林則徐**が欽差大臣として広州においてアヘンの取締りを行い，アヘン戦争勃発のきっかけとなった。洪秀全は拝上帝会を創始し，太平天国を指導した。

②× 漢人官僚の曾国藩や李鴻章が結成した郷勇や，アメリカ人のウォードが組織し，イギリス人のゴードンが指揮した常勝軍は，**太平天国の鎮圧**に活躍した。

③× 清は，アヘン戦争後の南京条約でイギリスに，マカオではなく**香港島**を割譲した。マカオは，16世紀からイギリス領ではなくポルトガルの拠点であった。

④○ アメリカ合衆国は，清と南京条約・虎門寨追加条約に準じた**望厦条約**を結

び，イギリスと同様な権利を得た。フランスも黄埔条約を結んで同等の権利を得た。

137 太平天国　　　解 答 ③

①× 太平天国は，「**滅満興漢**」をスローガンに掲げ，清朝の打倒をめざした。「**扶清滅洋**」を掲げたのは，1900年に北京を占領した義和団。

②× イギリス・フランスは，**太平天国の乱**に乗じて清に対してアロー戦争を引き起こした。アロー号事件は，イギリスがアロー戦争の口実とした事件。フランスは，フランス人宣教師殺害事件を口実とした。

③○ **常勝軍**は，アメリカ人ウォードが創設し，イギリス人ゴードンが指揮を引き継いで，太平天国の打倒に貢献した。

④× イギリス・フランスは，太平天国と条約を結んでいない。イギリス・フランスが1860年に結んだ**北京条約**は，アロー戦争に関するもので，**清**との条約。

138 ロシアと清　　　解 答 ①

①○ アロー戦争中，ロシアは清と**アイグン（愛琿）条約**を結び，**黒竜江（アムール川）以北**を獲得した。さらに英仏との講和仲介の報酬として，ロシアは清露間の**北京条約**で**沿海州（ウスリー川以東）**を獲得し，ウラジヴォストークを建設した。

②× **トルコマンチャーイ条約**は，清ではなくイランの**カージャール朝**がロシアと結んだ不平等条約。

③× ロシアは，18世紀前半に清と**キャフタ条約**を結んで，サハリン（樺太）を領有したのではなく，モンゴルでの国境と通商について取り決めた。サハリンは，19世紀後半に日本と結んだ樺太・千島交換条約でロシア領となった。

④× ピョートル１世（大帝）時代のロシアは，17世紀後半に康熙帝時代の清と**ネルチンスク条約**を結び，イリ地方を清に返還したのではなく，中国東北地方での国境を定めた。ロシアは19世紀後半のイリ条約で，占領していたイリ地方を清に返還した。

139 洋務運動　　　解 答 ④

①○ 清では，1860年代から90年代にかけて，近代的な産業・軍事の技術などを欧米諸国から導入する**洋務運動**が展開された。

②○ 洋務運動の初期は同治帝の治世で，「**同治中興**」という安定期が実現した。

③○ 曾国藩・李鴻章らは，湘勇（湘軍）・淮勇（淮軍）などの郷勇を率いて**太平天国の鎮圧**に活躍し，漢人官僚として洋務運動を推進した。

④× **不平等条約が撤廃**され，欧米諸国と対等の外交関係が樹立されたのは，19

世紀中ではなく，第二次世界大戦中のことである。

140 **康有為** **解 答** ③

①× 「**中体西用**」は洋務運動の基本思想で，中国文明を本体とし，西洋文明を技術・手段にすぎないとする立場。康有為は，戊戌の変法で洋務運動の限界を超えて，立憲君主政の樹立をめざした。

②× 太平天国は19世紀半ば，康有為の戊戌の変法は19世紀末であるから，康有為の思想が太平天国に影響を与えることはありえない。また，康有為は，帝政維持を前提として政治制度の改革をめざし，**太平天国**の運動は，清朝打倒と漢民族国家再興をめざすものであった。

③○ 康有為らを中心とした戊戌の変法は，日本の明治維新を模範とした政治改革運動で，日清戦争の敗北による洋務運動の挫折を背景として，**立憲君主政**の樹立をめざした。

④× **光緒帝**に登用された康有為によって変法が推進されたが，保守派の**西太后**らの起こした戊戌の政変によって弾圧された。

141 **義和団事件と日露戦争** **解 答** ③

①× 義和団事件の結果，北京議定書(辛丑和約)が結ばれ，列強の利権拡大は阻止されず，中国の**半植民地化**はさらに深化した。

②× 日本は，義和団事件で中立を守ったのではなく，**8カ国共同出兵**に加わった。

③○ 義和団事件後もロシアは撤兵せず，**中国東北地方と朝鮮をめぐって**日本とのあいだに日露戦争が起こった。

④× 日露戦争は，イギリスではなく**アメリカ合衆国のセオドア=ローズヴェルト大統領**の調停でポーツマス条約が結ばれ，終結した。

142 **1870年代の朝鮮・琉球** **解 答** ②

①○ 清は，**太宗ホンタイジ**の時代に朝鮮王朝を属国とし，19世紀末まで宗主国としての地位を維持した。

②× 江華島事件を契機として1876年に**日朝修好条規**を結び，朝鮮王朝を開国させたのは，イギリスではなく日本。

③○ 日本は，琉球人を日本人とみなし，琉球人の殺害事件を口実として**台湾出兵**を行った。

④○ 1870年代に，日本は琉球王国を廃止したのち，**沖縄県**とした。

143 清朝の滅亡　**解答** ③

①× 1911年に幹線鉄道国有化に反対する運動から四川暴動が起こり，つづいて武昌蜂起によって**辛亥革命**が起こった。この結果，1912年に中華民国が成立し，孫文が臨時大総統に就任した。ところが，清側の袁世凱が宣統帝を退位させて**清朝を滅ぼし**，孫文に代わって臨時大総統に就任した。

②× 清朝最後の皇帝は，**光緒帝**ではなく**宣統帝溥儀**で，のちに日本軍の手で満州国の皇帝に擁立された。

③○ **中華民国**は，建国時に孫文を臨時大総統として南京を首都としたが，まもなく袁世凱が臨時大総統となって北京に遷都した。

④× 袁世凱は，国民党の支持を受けたのではなく，**国民党を弾圧し**，帝政を宣言したが，国内や各国の反対によって取り消した。

144 第一次世界大戦前のバルカン半島　**解答** ①

①○ 1908年に青年トルコ革命が起こると，この混乱に乗じて**ブルガリア**が独立を果たした。

②× イタリアは，1910年代のイタリア=トルコ(伊土)戦争に勝利し，バルカン半島のアルバニアではなく，北アフリカの**トリポリ・キレナイカ**(リビア)を奪った。

③× 青年トルコ革命が起こると，この混乱に乗じて，**セルビアではなくオーストリアが**，ボスニア・ヘルツェゴヴィナ地方を併合した。

④× オスマン帝国(トルコ)は，第1次バルカン戦争で敗北したが，第2次バルカン戦争ではセルビア側に参戦し，勝利した。**第2次バルカン戦争で敗北したのはブルガリア**。

145 第一次世界大戦前の国際関係　**解答** ②

①× **三国同盟**は，ドイツ・オーストリア・イタリアのあいだで結ばれた。第2次バルカン戦争でセルビアなどに敗れたブルガリアは，ドイツ・オーストリアに接近し，第一次世界大戦では同盟国側に立って参戦した。

②○ 日露戦争後に結ばれた**日露協約**では，両国が中国から得た権利の相互尊重や，日本の朝鮮における権益とロシアの外モンゴルにおける権益の相互尊重などが協定された。

③× 再保障条約は，ロシアと，フランスではなく**ドイツ**のあいだの秘密同盟であった。ビスマルクを辞職させたヴィルヘルム2世が更新を拒否すると，ロシアはフランスと露仏同盟を結んだ。

④× **英仏協商**では，エジプト・スーダンでのイギリスの優越権と，**モロッコ**でのフランスの優越権が相互に承認された。

まとめ 三国同盟と三国協商

三帝同盟
　独・墺・露

三国同盟
　独・墺・伊

再保障条約
　独・露
　　→ドイツが更新拒否

露仏同盟

英仏協商

英露協商 → 三国協商

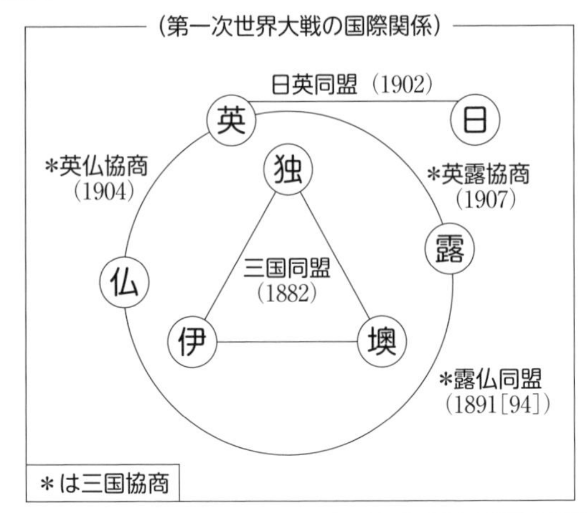

Ⅷ 第一次世界大戦と戦間期

146 第一次世界大戦の勃発　解答 ③

①× フランスで**第五共和政**が成立し，大統領権限が強化されたのは，第二次世界大戦後の1950年代。第一次世界大戦開戦時のフランスの政体は，第三共和政であった。

②× ローザ=ルクセンブルクや**カール=リープクネヒト**らは，ドイツのスパルタクス団の指導者でドイツ革命を指導し，ドイツ共産党を創設したが，第一次世界大戦終結後の1919年に殺された。

③○ **イタリア**は，三国同盟の一員であったが，第一次世界大戦が始まると中立政策をとり，やがて独墺を裏切って英仏側に参戦した。

④× イギリスで**チャーチルが首相**となったのは，第一次世界大戦中ではなく，第二次世界大戦中。

まとめ 第一次世界大戦

サライェヴォ事件
→オーストリアがセルビアに宣戦
タンネンベルクの戦い
ドイツがロシアを破る
マルヌの戦い
フランスがドイツの侵攻を阻止
日本参戦　中国に二十一カ条要求
イタリア　連合国側参戦

ソンムの戦い
ヴェルダン要塞攻防戦
ドイツ　無制限潜水艦作戦
→アメリカ合衆国参戦
ウィルソン大統領　十四カ条
ブレスト=リトフスク条約
ロシア単独講和
ドイツ革命
休戦協定

147 第一次世界大戦中のヨーロッパ　解答 ①

①× **第一次世界大戦以前には，第2インターナショナルを中心に反戦運動**が展開されたが，第一次世界大戦が勃発すると，ドイツ社会民主党をはじめ各国の社会主義政党の多くは，自国政府を擁護し，戦争に協力していった。

②○ **ロシア**では第一次世界大戦中，食料不足や物価上昇を背景としてロシア二月(三月)革命が起こった。

③○ **女性**は第一次世界大戦中，武器の生産に従事するなど重要な役割を果たした。その結果，第一次世界大戦後にはいくつかの国で，女性の参政権が認められた。

④○ 第一次世界大戦中，**ロシアでは厭戦気分**が広がり，ロシア二月(三月)革命が起こった。

148 第一次世界大戦と諸国・諸地域　解答 ③

①×　インドは，インド帝国としてイギリスの植民地であった。大戦中イギリスはインドに戦後の自治を約束し，インドはドイツではなく**イギリス**に協力した。

②×　日本は，日英同盟を理由に第一次世界大戦に参戦し，フランスではなく**ドイツ**の租借地であった膠州湾を占領した。

③○　イギリスは，**フセイン(フサイン)・マクマホン協定**でオスマン帝国支配下のアラブ人の独立運動を支援した。

④×　アメリカ合衆国は，戦争勃発と同時にではなく，戦争後期の**1917年**にドイツの無条件潜水艦作戦を理由として，連合国(協商国)側に参戦した。

149 第一次世界大戦の新兵器　解答 ④

①○　**毒ガス**は，ドイツによって初めて使用された。

②○　**戦車**は，ソンムの戦いでイギリス軍によって初めて使用された。

③○　**飛行機**は，20世紀初頭に実用化され，第一次世界大戦以降，戦争の主要な兵器となった。

④×　アメリカ合衆国ではなく**ドイツが無制限潜水艦作戦**を宣言すると，アメリカ合衆国はこれを口実に英仏側に参戦した。

150 ロシア革命　解答 ②

①×　ロシア二月(三月)革命後に成立した臨時政府は戦争継続の方針をとったが，亡命先のスイスから帰国した**レーニン**は，「四月テーゼ」を発表して，「すべての権力をソヴィエトへ」，臨時政府の打倒，即時休戦などを主張した。

②○　ロシア十月(十一月)革命後，ボリシェヴィキは全ロシア=ソヴィエト会議を開催し，「土地に関する布告」で**土地私有権廃止**を提案して採択した。

③×　ロシア十月革命直後の憲法制定会議の選挙で第一党となったのは**社会革命党**である。ボリシェヴィキは，この議会を解散して一党独裁体制を確立した。

④×　ボリシェヴィキは，ロシア十月革命後**メンシェヴィキなど他の政党を禁止**して，一党独裁体制を樹立した。

まとめ　ロシア革命

ロシア二月(三月)革命
　ニコライ２世退位
　ロマノフ朝滅亡
ロシア十月(十一月)革命
　ケレンスキー内閣打倒
　ソヴィエト政権
憲法制定会議
　解散→ボリシェヴィキ独裁

対ソ干渉戦争→戦時共産主義
コミンテルン(第３インターナショナル)結成
ソヴィエト社会主義共和国連邦(ソ連)
新経済政策(NEP)
第１次五カ年計画

151 ソヴィエト政権の対外関係　解答 ①

①× アメリカ合衆国大統領**ウィルソン**の**十四カ条**は，1917年にソヴィエト政権が発表した「平和に関する布告」に対抗して，1918年に発表された。

②○ ロシア十月(十一月)革命後，ソヴィエト政権は全ロシア=ソヴィエト会議を開催し，「平和に関する布告」を採択して，**無併合・無償金**・民族自決の和平を全交戦国に提案した。

③○ ソヴィエト政権は，同盟国側と**ブレスト=リトフスク条約**を結んで単独講和し，第一次世界大戦から離脱した。

④○ ソヴィエト政権が第一次世界大戦から離脱すると，イギリス・フランスなどは，反革命軍に呼応して**対ソ干渉戦争**を開始した。ソヴィエト政権はこれに対し，戦時共産主義を採用する一方，赤軍で反撃した。

152 ソヴィエト政権・ソ連の政策　解答 ②

①× ロシア十月(十一月)革命後，レーニンのソヴィエト政権は，第2インターナショナルではなく**コミンテルン(共産主義インターナショナル，第3インターナショナル)**を設立し，各国の共産主義政党を組織した。第2インターナショナルは，19世紀末に結成され，ドイツ社会民主党が主導した。

②○ 戦時共産主義は，内戦と干渉戦争に対応して行われた経済政策で，私企業の一切禁止や農民からの**穀物強制徴発**など，厳しい内容で，そのため生産力は低下した。

③× 戦時共産主義は1921年に新経済政策(ネップ)に切り替えられ，穀物強制徴発は廃止され，私企業は一切禁止されたのではなく**小規模な経営は認められた**。

④× 第1次五カ年計画において建設が進められたのは，ミールではなく集団農場の**コルホーズ**や国営農場のソフホーズである。ミールはロシアの農村共同体で，第1次ロシア革命後に首相ストルイピンによって解体された。

153 パリ講和会議　解答 ②

①× パリ講和会議の結果，連合国はオーストリアとサン=ジェルマン条約を結んで**オーストリア=ハンガリー帝国**を解体し，ハンガリーやチェコスロヴァキアなどを独立させた。

②○ パリ講和会議をうけて，連合国とドイツはヴェルサイユ条約を結んだ。ヴェルサイユ条約の名にちなんで，第一次世界大戦の国際秩序は**ヴェルサイユ体制**と呼ばれる。

③× ドイツは，ヴェルサイユ条約で**すべての海外植民地を失った**。

④× パリ講和会議をうけて，連合国は**ブルガリアとヌイイ条約**を結び，**ハンガ**

リーと**トリアノン条約**を結んだ。

まとめ ヴェルサイユ体制とワシントン体制

パリ講和会議
ウィルソン(米)　ロイド=ジョージ(英)　クレマンソー(仏)

ヴェルサイユ条約	ドイツ　国際連盟
サン=ジェルマン条約	オーストリア
ヌイイ条約	ブルガリア
トリアノン条約	ハンガリー
セーヴル条約	オスマン帝国
	→臨時政府　**ローザンヌ条約**

ワシントン会議
四カ国条約
太平洋　日英同盟破棄
九カ国条約　中国
ワシントン海軍軍備制限条約

154 **国際連盟**　　**解 答**　②

①×　アメリカ合衆国は，上院が国際連盟の規定を含むヴェルサイユ条約の批准を拒否したため，**国際連盟には終始参加しなかった**。

②○　国際連盟は，敗戦国ドイツや社会主義政権の**ソヴィエト政権の参加を認めなかった**。

③×　満州事変が起こると，国際連盟はリットン調査団を派遣した。その結果，満州事変を日本の侵略として，「満洲(満州)国」を承認せず，これを不満として**日本は連盟を脱退**した。

④×　国際連盟は，大西洋憲章ではなく**十四カ条**にもとづいて設立された。大西洋憲章は，第二次世界大戦中にアメリカ合衆国大統領フランクリン=ローズヴェルトとイギリス首相チャーチルが行った大西洋上会談で発表され，これにもとづいて戦後，国際連合が設立された。

155 **ワシントン会議**　　**解 答**　②

①×　ドイツの賠償支払年額の軽減を決定したのは，ドーズ案や**ヤング案**などである。

②○　ワシントン会議で結ばれた太平洋域に関する**四カ国条約**にもとづいて，日英同盟は解消された。

③×　1925年，ドイツとヨーロッパ諸国のあいだで**ロカルノ条約**が結ばれ，ラインラントの非武装の再確認とドイツ・フランス・ベルギーの国境不可侵などが約され，条約発効の条件としてドイツの国際連盟加盟を定めた。

④×　フランス外相ブリアンとアメリカ合衆国の国務長官ケロッグの尽力で1928年に締結された**不戦条約**(ブリアン・ケロッグ条約)は，国際紛争解決の手段としての戦争の放棄を約束し，日本国憲法第９条に影響を与えた。

156 **1920年代のアメリカ合衆国の政策** **解 答** ③

①× **パナマ運河**は，共和党のセオドア=ローズヴェルト大統領が20世紀初めに着工し，民主党のウィルソン大統領時代の1910年代に完成させた。

②× アメリカ合衆国が**ソ連を承認**したのは，1920年代ではなく世界恐慌発生後の**1930年代**。

③○ アメリカ合衆国の国務長官ケロッグは，フランスの外相ブリアンと協力して1928年に**不戦条約**(ブリアン・ケロッグ条約)の締結に成功した。

④× アメリカ合衆国が**善隣外交**によってラテンアメリカ諸国との関係改善をはかったのは，1920年代ではなく世界恐慌発生後の**1930年代**。

157 **1920年代のドイツ** **解 答** ③

①○ ドイツは，1919年のヴェルサイユ条約で莫大な**賠償金の支払い義務**を課せられた。

②○ ドイツの賠償金支払いが遅延すると，フランス・ベルギーはこれを口実としてルール地方の占領を強行した。これに対してストライキなどで対抗したため，ドイツでは**空前のインフレーション**が発生した。

③× ドイツの経済的混乱を解決するため，1924年に**ドーズ案**が成立した。この結果，賠償支払い期間が延長され，アメリカ資本が導入された。ドーズはアメリカ人であり，ドーズ案は，アメリカ合衆国の意向をうけて成立した。

④○ ドイツの**シュトレーゼマン内閣**は，空前のインフレーションから立ち直るため，新紙幣のレンテンマルクを発行した。

158 **女性の社会的活動** **解 答** ②

①○ ストウは，南北戦争前に『**アンクル=トムの小屋**』を著して，奴隷制の非人道性を訴えた。

②× アメリカ合衆国での女性参政権は，**第一次世界大戦後**の1920年に実現した。

③○ イギリスでは，1918年の**第４回選挙法改正**で成年男性と30歳以上の女性に選挙権が与えられ，さらに，1928年の第５回選挙法改正では男女普通選挙制となった。

④○ **スパルタクス団**は，ドイツ社会民主党左派のカール=リープクネヒトとローザ=ルクセンブルクを中心に結成され，第一次世界大戦後の1919年に武装蜂起して失敗した。

159 **イタリアのファシズム政権** **解 答** ②

①× **イタリア**はドイツ・オーストリアと三国同盟を結んでいたが，第一次世界大戦では当初中立の立場をとったあと，連合国(協商国)側に立って参戦した

ため，**戦勝国**となった。

②○　ファシスト党のムッソリーニは，1920年代に「**ローマ進軍**」によって政権を獲得し，ファシスト党の一党独裁を実現した。

③×　ファシスト党政権下でも**王政は維持**された。イタリアの王政は第二次世界大戦後に国民投票で廃止となった。

④×　1870年のイタリア王国によるローマ教皇領占領以後，王国と教皇庁の対立はつづいていたが，1920年代の政権獲得後に**ムッソリーニ**は教皇庁とラテラン条約を結び，ヴァチカン市国の独立を承認して和解した。

160　戦間期の西アジア　　**解　答**　③

①×　**アフガニスタン**はロシアのソヴィエト政権からではなく，**イギリスから独立**した。アフガニスタンは，19世紀後半の第２次アフガン戦争の結果イギリスの保護国となっていた。

②×　**ワフド党**はイラクではなくエジプトの政党で，反英独立運動を展開し，1922年にエジプト王国の名目的独立を達成した。ただし，実質的な独立を達成したのは1936年。

③○　ワッハーブ王国を再建した**イブン=サウード**(アブド=アルアジーズ)は，アラビア半島の大部分を統一し，1930年代にサウジアラビア王国を建国した。

④×　イランには，第一次世界大戦中の中立宣言にもかかわらず，フランスではなくイギリス・ロシアが進駐した。ロシアがロシア革命によって撤退したのに対し，イギリスは大戦後も駐兵をつづけたが，**レザー=ハーン**がクーデタによって政権を握り，独立を回復して**パフレヴィー朝**を創始した。

161　20世紀前半のインドの民族運動　　**解　答**　②

①×　イギリスは第一次世界大戦中，戦後のインドの独立ではなく自治を約束した。**フセイン(フサイン)・マクマホン協定**は，第一次世界大戦中にイギリスがオスマン帝国(トルコ)領のアラブ人に戦後の独立を約束したもの。

②○　第一次世界大戦後にイギリスが反英運動を弾圧するためローラット法を制定すると，インド国民会議派はガンディーが提唱した**非暴力・不服従運動**を展開したが，この運動もイギリスによって弾圧された。

③×　1930年代の**英印円卓会議を提唱したのは，インドではなくイギリス**で，インド国民会議派はこれを拒否した。

④×　イギリスは，1935年の**新インド統治法**で各州の自治をある程度認めたが，**完全独立(プールナ=スワラージ)の要求を無視**し，完全な自治も実現しなかった。

162 ベトナムの独立運動　　解答 ①

あ○　**ファン=ボイ=チャウ**は，維新会を結成して反仏闘争を推進し，日本に留学するドンズー(東遊)運動を行った。

い○　**ホー=チ=ミン**らはインドシナ共産党を結成して反仏闘争を展開し，さらにベトナム独立同盟(ベトミン)を結成して反日闘争を行った。

163 中華民国　　解答 ③

①×　**国共合作(第1次)**が成立したのは，1930年代ではなく1920年代。1930年代には国共合作(第2次)が成立した。

②×　**天朝田畝制度**は，南京国民政府ではなく，19世紀半ばに南京を天京と改称して都とした太平天国で発布された。

③○　国共合作(第1次)後，広州国民政府が成立し，**蔣介石**が国民革命軍(国民政府軍)を率いて**北伐**を開始した。

④×　北伐途上，張学良ではなく蔣介石が，上海でクーデタを起こして共産党員を弾圧し，これによって**国共合作(第1次)は崩壊**した。張学良は，西安事件を起こし，蔣介石に国共合作(第2次)を求めた。

164 ニューディール　　解答 ②

①○　大規模な公共事業を興し，失業者の救済などをはかった**テネシー川流域開発公社**(TVA)は，ニューディールの重要な柱であった。

②×　ニューディールを実施したのは民主党の**フランクリン=ローズヴェルト**大統領だが，その前の共和党のフーヴァー大統領は，ドイツのイギリス・フランスへの賠償支払いとイギリス・フランスのアメリカ合衆国への戦債返還の1年間猶予を内容とする**フーヴァー=モラトリアム**を実施した。

③○　ニューディールの重要な柱である**全国産業復興法**(NIRA)は，国家統制によって工業生産を制限し，商品価格の下落を防止しようとするもの。

④○　ニューディールの一つ**農業調整法**(AAA)は，農業生産の制限や農産物価格の引き上げにより，農民の救済をはかった。

165 世界恐慌の影響・対策　　解答 ③

①×　アメリカ合衆国のフーヴァー大統領は，1931年にワグナー法ではなく**フーヴァー=モラトリアム**を出して，ドイツの賠償や連合国の戦債の支払いを1年間停止した。**ワグナー法**は，労働組合を法的に承認し，団結権と団体交渉権を認めた法律で，フランクリン=ローズヴェルト大統領時代に成立した。

②×　ソ連は，第1次五カ年計画(1928～32)により，世界恐慌の影響をほとんど受けなかったといわれる。**ペレストロイカ**は，1985年に登場したソ連の**ゴル**

バチョフの政策。

③○　イギリスは，1932年にオタワ連邦会議で**ブロック経済**をとることを決め，イギリス連邦内で特恵関税（連邦外の諸国に対する関税に比べてより安い関税）を適用し，スターリング=ブロックを形成した。

④×　アメリカ合衆国のフランクリン=ローズヴェルト大統領は，1933年から**ニューディール**と呼ばれる恐慌対策を展開した。**マーシャル=プラン**は，第二次世界大戦後のヨーロッパ経済復興援助計画。

まとめ　世界恐慌への各国の対応

アメリカ合衆国
　ニューディール
　　フランクリン=ローズヴェルト
　　全国産業復興法（NIRA）
　　農業調整法（AAA）
　　テネシー川流域開発公社（TVA）
　　ワグナー法

イギリス	スターリング=ブロック
フランス	フラン=ブロック
ドイツ	ナチス=ドイツ
イタリア	エチオピア侵略

166　ヒトラー政権　　解答　②

①×　**社会主義者鎮圧法**は，19世紀後半にドイツ帝国のビスマルク首相が制定した。

②○　ヒトラー内閣は，1933年に**全権委任法**を成立させ，これにもとづいて一党独裁を実現し，ヴァイマル体制を崩壊させた。

③×　**ラパロ条約**の成立は，ヒトラー政権成立以前の1920年代。

④×　ドイツは，1920年代にロカルノ条約の規定にもとづいて**国際連盟に加盟**し，1930年代にヒトラー政権が成立すると国際連盟から脱退した。

167　スペイン内乱　　解答　①

①○　人民戦線政府に対してフランコが反乱を起こし，スペイン内乱が始まると，ドイツ・イタリアのファシズム陣営はフランコを支援し，**国際義勇軍**はこれに対して人民戦線政府側に参戦した。

②×　イギリスとフランスは，**不干渉政策**をとった。

③×　**ソ連**は，人民戦線政府を支援した。

④×　**フランコ将軍**は人民戦線政府に対する反乱を起こし，ドイツ・イタリアなどのファシズム勢力に支援され，最終的に人民戦線政府を打倒した。

168　ヒトラー政権の対外政策　　解答　①

①×　ドイツはヴェルサイユ条約の規定にしたがい，住民投票にもとづいて**ザー**

ル地方を編入した。

②○　ドイツは，**ロカルノ条約**とヴェルサイユ条約を**破棄**して非武装地帯のラインラントに進駐した。

③○　ドイツのヒトラーがチェコスロヴァキア領のズデーテン地方割譲を要求したため，英・仏・独・伊の首脳によるミュンヘン会談が行われ，イギリスのネヴィル=チェンバレンらの宥和政策によってドイツが**ズデーテン地方**を併合した。

④○　ドイツはミュンヘン会談での合意を無視し，**チェコスロヴァキアを解体**して，西部を併合し，東部を保護国とした。

まとめ　ヒトラー政権の対外政策など

ザール編入
再軍備宣言
ラインラント進駐
オーストリア併合
ミュンヘン会談 → ズデーテン地方併合
チェコスロヴァキア解体
独ソ不可侵条約
ポーランド進駐　　第二次世界大戦

169　日中戦争　　解答　④

①○　日中間の全面戦争は，1937年の**盧溝橋事件**をきっかけに始まった。

②○　日本は1930年代前半に，柳条湖事件から満州事変を起こし，中国東北地方に**満州国**を建設していた。

③○　日本は開戦後，華北の要地や南京を占領し，南京では虐殺を行った。一方，中国は政府を南京から**重慶**に移して抵抗をつづけた。

④×　中国共産党の**長征**は，日中戦争の開始にともなって，ではなく開始前に行われた。

170　日本の朝鮮支配　　解答　④

①×　伊藤博文は，初代朝鮮総督ではなく**初代韓国統監**で，韓国併合の前に暗殺された。

②×　日本は明治維新後，19世紀末の日清戦争の下関条約で清から**台湾**や**澎湖諸島**を獲得した。韓国併合はその後。

③×　朝鮮人の姓名を日本式に改める**創氏改名**は，併合と同時ではなく日中戦争中に皇民化政策の一環として行われた。

④○　日中戦争勃発後から第二次世界大戦中には，日本は労働力不足を補うため

強制連行を行い，日本で多くの朝鮮人労働者が土木・鉱山労働などに従事させられた。

まとめ 日本の朝鮮支配への過程

壬午軍乱
甲申政変　　金玉均
甲午農民戦争（東学の乱）
日清戦争
　下関条約　朝鮮の独立
大韓帝国と改称
日露戦争
　ポーツマス条約　日本の韓国指導・保護権

日韓協約（第２次）
　韓国保護国化　統監　伊藤博文
ハーグ密使事件　　義兵運動激化
伊藤暗殺　安重根
韓国併合
　朝鮮総督府　武断政治

Ⅸ 第二次世界大戦と戦後世界

171 第二次世界大戦　解答 ①

①○　ドイツは第二次世界大戦中，バルカン諸国を枢軸陣営に引き入れ，**バルカン諸国を制圧**した。

②×　ドイツがパリを占領してフランス第三共和政が倒れると，中部フランスの**ヴィシー**に対独協力のペタンを主席とする政府が成立した。これに対抗して，**ド=ゴール**はロンドンに**自由フランス政府**を樹立し，レジスタンスを指導した。

③×　オーストリアは，第二次世界大戦前の1938年に**ドイツに併合**されており，イタリアによって占領されてはいない。

④×　第二次世界大戦が始まると，ソ連は対ドイツ戦に備えるため，**フィンランドに侵入**した。デンマーク・ノルウェーを占領したのは，ドイツ。

172 太平洋戦争　解答 ①

①○　アメリカ合衆国による対日石油禁輸やABCDライン（米･英･中･蘭の対日包囲網）の形成に対抗し，日本は東南アジアに対する侵略を推進し，**資源の確保**をはかろうとした。

②×　**オーストラリア**は，太平洋戦争中に日本の占領を受けていない。

③×　**インドネシア**は，フランスではなく**オランダ**の支配下から日本の占領下に移った。フランスの支配下にあったのはインドシナであり，インドシナには太平洋戦争直前に日本が進駐した。

④×　日本は，太平洋戦争中に東南アジアのマレー半島(シンガポールを含む)・インドネシア・フィリピン・**ビルマ(ミャンマー)**などを侵略した。

173 カイロ会談とポツダム会談　解答 ①

①○　カイロ会談には，アメリカ合衆国のフランクリン=ローズヴェルト大統領，イギリスのチャーチル首相とともに，中国の蔣介石が参加し，**中国東北地方や台湾の中国への返還**，朝鮮の独立などを決定した。

②×　**カイロ会談**にはスターリンは参加せず，カイロ会談につづいて開かれたテヘラン会談，そしてヤルタ会談に参加した。

③×　ポツダム会談は，ポツダム宣言を発表し，**日本に無条件降伏を勧告**した。ドイツは，ポツダム会談以前にすでに無条件降伏していた。

④×　ポツダム会談前にフランクリン=ローズヴェルト大統領が死去したため，会談には副大統領から大統領に就任した**トルーマン**が出席した。

まとめ 第二次世界大戦中の国際会談

大西洋上会談	チャーチル(英), フランクリン=ローズヴェルト(米)
カイロ会談	チャーチル, フランクリン=ローズヴェルト, 蔣介石(中)
テヘラン会談	チャーチル, フランクリン=ローズヴェルト, スターリン(ソ)
ヤルタ会談	チャーチル, フランクリン=ローズヴェルト, スターリン
ポツダム会談	トルーマン(米), チャーチル→アトリー, スターリン

174 国際連合　解答 ④

①× 国際連合憲章は, パリ講和会議ではなく**サンフランシスコ会議**で採択された。

②× 日本の無条件降伏で**第二次世界大戦が終結した直後**に, 国際連合は発足した。

③× **朝鮮戦争への国連軍派遣**は, ソ連の欠席中に安全保障理事会で可決された。

④○ **地球サミット(国連環境開発会議)**は, 1990年代にブラジルのリオデジャネイロで開催され, 自然と調和した環境開発の必要性を訴えた。

175 戦後の国際秩序　解答 ①

①○ **国際通貨基金**(IMF)は, 為替(かわせ)の安定をめざしてブレトン=ウッズ体制の一環として設立された。

②× 国際連合の安全保障理事会では, **5常任理事国だけが拒否権**を与えられ, 非常任理事国には拒否権が与えられなかった。

③× **ユネスコ**(UNESCO, **国際連合教育科学文化機関**)は, 自由貿易体制推進のためではなく, 教育・科学・文化を通じて国際理解を進め, 世界の平和と安全に貢献する目的で設立された。

④× **国連軍**は朝鮮戦争に1度だけ出動したが, それも安全保障理事会をソ連が欠席していることを利用して派遣されたもので, 国連憲章が定めている国連軍でもなかった。

176 冷戦　解答 ③

①× **ベルリン封鎖**は, アメリカ合衆国が「封じ込め政策」の一環として行ったのではなく, ソ連がドイツの西側占領地域における通貨改革に反発して行った。

②× 冷戦は, 1947年アメリカ合衆国のトルーマン大統領の**トルーマン=ドクトリン**で本格化した。ソ連ではなく東ドイツ(ドイツ民主共和国)が「ベルリンの壁」を構築したのは, 1961年。

③○ ベルリン封鎖中の1949年にアメリカ合衆国を中心とする北大西洋条約機構(NATO)が成立し, 1955年の西ドイツ(ドイツ連邦共和国)のNATO加盟と再軍備を機に, NATOに対抗して**ワルシャワ条約機構**が結成された。

④× **先進国首脳会議(サミット)**は，冷戦の解消に向けてではなく，石油危機で混乱した世界経済の立て直しをめざして，先進国の首脳が1980年代ではなく1975年に第1回を開いた。

177 米ソの宇宙開発　解答 ④

あ× ソ連は1950年代に大陸間弾道弾（ICBM）や人工衛星の開発・実験に成功し，アメリカ合衆国に先んじたが，アメリカ合衆国が**マーシャル=プラン**を発表したのは，それより以前の1947年。

い× ソ連ではなくアメリカ合衆国が，1969年に**人類最初の有人月面着陸**と帰還に成功した。

178 戦後のヨーロッパ　解答 ①

①○ **トルーマン=ドクトリン**は，ギリシア・トルコの共産化を防ぐための援助をめざすもので，冷戦の開始を告げるものであった。

②× ドイツは戦後，米・英・仏・ソ4カ国による分割占領を受け，米・英・仏占領地域で通貨改革が行われると，ソ連は，同様に4カ国による分割占領が行われていたベルリンで，米・英・仏占領地域を封鎖した。この**ベルリン封鎖解除後**，ドイツは西ドイツ(ドイツ連邦共和国)と東ドイツ(ドイツ民主共和国)に分裂した。

③× 第二次世界大戦後，オーストリアもドイツと同様，米・英・仏・ソの4カ国によって**分割占領**されたが，1955年のオーストリア国家条約によって永世中立国として分割されずに主権を回復した。

④× ユーゴスラヴィアは，1947年の**コミンフォルム**(共産党情報局)の結成に加わったが，ソ連と対立して**除名**された。

179 1950年代～70年代のソ連・東欧　解答 ④

①○ 1968年チェコスロヴァキアで，ドプチェク第一書記を中心として「**プラハの春**」と呼ばれる自由化が進むと，ソ連は東欧諸国とともに軍事介入して運動を弾圧した。

②○ 1956年，**ポーランド**の**ポズナニ**とハンガリーのブダペストで，反ソ暴動が起こり，ポーランドは自主解決したが，ハンガリーにはソ連軍が介入した。

③○ 西ドイツのブラント首相は，**東方外交**を展開し，ソ連との関係を改善し，東西ドイツ基本条約を締結して，東・西ドイツの同時国連加盟を実現した。

④× ソ連のフルシチョフが，平和共存とスターリン批判を発表したのは1956年で，コミンフォルムが解散された。**ワルシャワ条約機構が解体**したのは，ソ連崩壊直前の1991年である。

まとめ **ソ連・ロシアの指導者**

ソ連

スターリン　独裁
フルシチョフ　ソ連共産党第20回大会　スターリン批判　平和共存
ハンガリー動乱に軍事介入　キューバ危機
ブレジネフ　「プラハの春」弾圧　アフガニスタン介入
ゴルバチョフ　ペレストロイカ　グラスノスチ
新思考外交　ソ連消滅

ロシア連邦

エリツィン
プーチン　チェチェン紛争

180 20世紀後半の戦争・地域紛争　解答 ①

①×　ソ連がアフガニスタンに侵攻したのは1970年代のブレジネフ政権のとき。撤退は1980年代の**ゴルバチョフ**政権時代。

②○　ソ連のフルシチョフによる**スターリン批判**以来，中ソ論争が始まり，1960年代末には国境紛争に発展した。その後，1980年代にゴルバチョフが訪中し，対立は解消した。

③○　1980年代にアルゼンチンの軍事政権がイギリス領フォークランド（マルビナス）諸島を占領すると，イギリスの保守党の**サッチャー政権**は軍を出動させて奪還に成功した。

④○　1980年代に**マルタ会談**でアメリカ合衆国のブッシュ（父）大統領とソ連のゴルバチョフ書記長が冷戦の終結を宣言した。その後，ユーゴスラヴィアで1990年代にクロアティア・スロヴェニアが独立を宣言すると，**ユーゴスラヴィア内戦**が勃発した。

181 キューバ革命とキューバ危機　解答 ①

①○　1950年代にキューバでは**カストロ・ゲバラ**らによってバティスタ親米独裁政権が打倒され，やがて社会主義を宣言して，南北アメリカ最初の社会主義国となった。

②×　**米州機構**（OAS）は，対ソ「封じ込め政策」の一環として1940年代に結成された。当初はキューバも加盟していたが，キューバ革命によって社会主義政権が成立すると，アメリカ合衆国はキューバと断交し，キューバは米州機構から除名された。

③×　キューバ危機のさいのアメリカ合衆国大統領は民主党の**ケネディ**で，ソ連首相はフルシチョフである。共和党のニクソンは，ケネディを継いだ民主党のジョンソンの次の大統領。

④×　キューバ危機にさいし，ソ連はキューバのミサイル基地の撤去を約束し，

危機を回避したが，**中国**はこれを機にソ連との対立を深めた。

182 **軍縮** 解答 ③

①× 部分的核実験禁止条約は，朝鮮戦争休戦直後ではなく**キューバ危機直後**の1963年に成立した。朝鮮戦争休戦は1953年。

②× **戦略兵器制限交渉**(第1次)(SALT I)は1969年から交渉が開始され，1972年に条約が結ばれた。その後1979年には第2次交渉の結果条約が結ばれたが，アメリカ合衆国議会が批准せず，失効した。アメリカ合衆国大統領ケネディは1963年に暗殺され，フルシチョフは翌年失脚している。

③○ **中距離核戦力（INF）全廃条約**は，1989年にソ連のゴルバチョフ書記長とアメリカ合衆国のレーガン大統領とのあいだで調印された。

④× **戦略兵器削減条約**(START)は，第1次が1991年アメリカ合衆国・ソ連間で，第2次が1993年アメリカ合衆国・ロシア間で，それぞれ調印された。1979年に戦略兵器制限交渉(第2次)(SALT II)の調印後，ソ連はアフガニスタンに侵攻した。

183 **1989〜91年に起こった事件** 解答 ②

①○ 東欧民主化の年の1989年には，アメリカ合衆国のブッシュ(父)大統領とソ連のゴルバチョフが**マルタ会談**を行い，冷戦の終結を宣言した。

②× 中華人民共和国政府による**人民公社の解体**は，1985年。1989年の**天安門事件**は，民主化を求める学生や市民が軍隊によって弾圧された事件。

③○ **イラク**が1990年に**クウェートに侵攻**すると，国際連合はイラクに制裁を加えた。また，アメリカ合衆国を中心とする多国籍軍は，1991年にイラクを攻撃し，湾岸戦争を引き起こした。

④○ 1991年には，ソ連で保守派のクーデタが失敗し，共産党が責任を問われて解散となり，その年のうちに**ソ連も消滅**した。

184 **中東問題** 解答 ②

①× 第3次中東戦争では，ヨルダンではなく**イスラエル**が，ゴラン高原やシナイ半島・ガザ・ヨルダン川西岸を占領した。

②○ エジプトのサダト大統領は，イスラエルと**エジプト=イスラエル平和条約**を結んだ。

③× 第3次中東戦争でイスラエルが占領したシナイ半島を，エジプト=イスラエル平和条約にもとづいて，**イスラエルがエジプトに返還**した。

④× アラブ連盟(アラブ諸国連盟)は，**第二次世界大戦末期**の1945年に結成された。冷戦の終結は，1989年にマルタ会談で宣言された。

まとめ 中東戦争とその後

第1次中東戦争(パレスチナ戦争)
イスラエル建国　イスラエル勝利→パレスチナ難民
第2次中東戦争(スエズ戦争)
スエズ運河国有化宣言　イギリス・フランス・イスラエル出兵→撤退
第3次中東戦争(6日戦争)
イスラエルの奇襲→ヨルダン川西岸・シナイ半島・ガザ・ゴラン高原占領
第4次中東戦争
石油戦略　石油危機(第1次)
エジプト=イスラエル平和条約
サダト暗殺
パレスチナ暫定自治協定

185 石油危機　解答 ③

①×　**アラブ石油輸出国機構**(OAPEC)は，1973年の第1次石油危機をきっかけに，ではなく第3次中東戦争後の1968年に結成された。

②×　**第4次中東戦争**にさいして，OAPECが石油戦略を発動して石油危機（第1次）が起こった。エジプトのナセル大統領がスエズ運河の国有化を宣言したことから起こったのは，第2次中東戦争(スエズ戦争)。

③○　**サミット**(先進国首脳会議)は，第1次石油危機をきっかけにエネルギー問題に対応するため，1975年にパリ郊外で第1回が開かれた。1998年からロシアが参加して主要国首脳会議に名称変更された。

④×　**イランで石油国有化**が行われたのは，1950年代。モサデグ首相がイギリス系資本のアングロ=イラニアン石油会社を接収して石油国有化を行った。しかし，国王パフレヴィー2世派のクーデタによって失敗に終わった。

186 アフリカ諸国の独立　解答 ②

①×　「**アフリカの年**」は1960年。コンゴなどの17カ国が独立した。

②○　アルジェリアでは，1950年代にフランスに対する独立戦争が始まった。この戦争のためフランスでは政治危機が発生し，第四共和政が倒れて第五共和政が発足した。その大統領となった**ド=ゴール**が，1962年**アルジェリアの独立を承認**した。

③×　1957年の**ガーナ独立**は，第二次世界大戦後のサハラ砂漠以南のアフリカ初の独立であり，これを率いたのはナセルではなく**エンクルマ(ンクルマ)**である。ナセルは，エジプト革命の指導者で，エジプト共和国の大統領に就任した。

④×　**コンゴ**はオランダではなくベルギーから1960年に独立し，独立直後にはコンゴ動乱が起こった。

187 アフリカ諸国の解放闘争　解答 ①

①○　南ローデシアでは，1960年代に白人政権が独立した。その後，白人政権は倒れ，黒人政権が成立すると，1980年には**ジンバブエ**と国名が改称された。

②×　**アンゴラ**は，1970年代にポルトガル革命を機に，ポルトガルから独立した。その後内戦がつづいたが，ソ連の支援を受けた政権が制圧した。

③×　**エチオピア**では，1970年代の革命によって帝政が倒れた。

④×　**アフリカ統一機構**(OAU)は，1960年代に南アフリカ共和国ではなく，アフリカ統一をめざすアフリカ諸国によって組織された。**南アフリカ共和国**は，1990年代のアパルトヘイト廃止後に参加。

188 イラン革命　解答 ③

①○　イラン革命は，イスラーム教シーア派の指導者**ホメイニ**が指導した。

②○　イラン革命によって**パフレヴィー朝が倒れ**，イラン=イスラーム共和国が成立した。

③×　**イランの立憲革命**は，**1905年**に起こった。1979年の革命はイラン革命と呼ばれる。

④○　イラン革命によってイスラーム原理主義が強まり，**イスラーム的規律の復活・強化**がはかられた。

189 第二次世界大戦後の国家の分断・分離・統一　解答 ④

①×　朝鮮半島は，**アメリカ合衆国**と，中華人民共和国ではなく**ソ連**によって分割占領され，その後，南に大韓民国(韓国)，北に朝鮮民主主義人民共和国(北朝鮮)がそれぞれ成立した。

②×　ジュネーヴ休戦協定は，1950年代に結ばれたフランスとの**インドシナ戦争**の休戦協定。南北ベトナムが統一されてベトナム社会主義共和国が成立したのは，アメリカ合衆国とのベトナム戦争後の1970年代のことである。

③×　**ドイツの統一**は，1970年代ではなく1990年。

④○　1970年代にパキスタンから，東パキスタンが**バングラデシュ**として独立した。

190 1950年代以降のインド　解答 ②

①×　インドはカシミールの帰属をめぐって，アフガニスタンではなく**パキスタン**とのあいだで紛争を起こした。

②○　インドは1950年代以降，チベット問題をめぐる対立から中国とのあいだで**中印国境紛争**を起こしたが，敗北した。

③×　イラク革命でバグダード条約機構(中東条約機構，METO)からイラクが脱

退して成立したのが中央条約機構(CENTO)。パキスタンは加盟していたが,**インドは加盟していない**。

④× アジア=アフリカ(バンドン)会議は,インドではなく**インドネシアのバンドン**で1955年に開かれた。

191 アジア諸国の独立 解答 ④

①× 1950年代にイギリスから独立したマラヤ連邦と,イギリス領シンガポール・北ボルネオにより,**マレーシア**が1963年に成立した。その後,1965年にシンガポールがマレーシアから独立した。

②× インドネシア独立の指導者は,スハルトではなく**スカルノ**。スカルノは,第二次世界大戦中は日本に協力したが,1945年に独立を宣言し,インドネシアの初代大統領となり,オランダからの独立戦争を指導した。1965年の九・三〇事件でスカルノは失脚し,**スハルト**が代わって大統領になった。

③× **ビルマ**(ミャンマー)は,1930年代までイギリス領インド帝国の一部であったが,第二次世界大戦後に**イギリスから独立**した。東南アジアにおけるフランス領は,インドシナのベトナム・カンボジア・ラオス。

④○ **国民会議派**の運動の結果インド連邦が,**全インド=ムスリム連盟**の運動の結果パキスタンが,それぞれ独立した。その後,両国のあいだでカシミールの帰属問題が発生した。

192 朝鮮戦争・ベトナム戦争 解答 ④

①× **日ソ中立条約**は,朝鮮戦争中ではなく第二次世界大戦中の独ソ戦開戦直前に結ばれた。

②× 朝鮮戦争は,**朝鮮民主主義人民共和国**と**大韓民国**のあいだで始まった。

③× 北ベトナムへの大規模な爆撃,いわゆる北爆を行ったのはケネディ大統領ではなく,ケネディ暗殺によって昇格した**ジョンソン大統領**。

④○ ベトナム戦争で**ベトナム(パリ)和平協定**が結ばれて,アメリカ合衆国軍が撤退したのち,首都サイゴンが陥落してベトナム共和国(南ベトナム)政府が崩壊すると,南北ベトナムは統一されて,ベトナム社会主義共和国が成立した。

まとめ 第二次世界大戦後のベトナム

ベトナム民主共和国(北)
インドシナ戦争　対フランス
ベトナム国(南)
ディエンビエンフーの戦い　ジュネーヴ休戦協定
ベトナム共和国(南)　　南ベトナム解放民族戦線
ベトナム戦争　対アメリカ合衆国
北爆
ベトナム和平協定
ベトナム社会主義共和国　　ドイモイ(刷新)

193 **中華人民共和国**　　**解答** ③

①○　朝鮮戦争にアメリカ合衆国軍中心の**国連軍**が出動し，中国国境まで迫ると，**中華人民共和国義勇軍**が派遣された。

②○　1950年代に「大躍進」の失敗で毛沢東に代わって国家主席となった劉少奇は，1960年代の**プロレタリア文化大革命**(文化大革命)によって失脚し，毛沢東は権力を回復したが，中国は大混乱に陥った。

③×　**米中国交正常化**は，1970年代にアメリカ合衆国のフーヴァー大統領ではなくカーター大統領とのあいだで実現した。フーヴァー大統領は1920年代末から30年代にかけてのアメリカ合衆国大統領で，彼の時代に世界恐慌が起こった。

④○　1970年代にアメリカ合衆国のニクソン大統領が訪中して事実上中国を承認すると，つづいて日中国交正常化が実現し，その後**日中平和友好条約**が結ばれた。

まとめ 戦後の中国

中華人民共和国　国家主席：毛沢東　首相：周恩来　　**中華民国**　総統：蔣介石
中ソ友好同盟相互援助条約
朝鮮戦争に義勇軍派遣
第1次五カ年計画
中ソ対立
「大躍進」　人民公社→失敗
中印国境紛争
プロレタリア文化大革命　劉少奇・鄧小平失脚
中ソ国境紛争
鄧小平復活　**「四つの現代化」**(農業・工業・国防・科学技術)
天安門事件
香港返還　　イギリスから
マカオ返還　ポルトガルから

194 南北朝鮮　　解答 ③

①○　韓国(大韓民国)は1970年代，**アジアNIEs**(新興工業経済地域)の一つに数えられるようになった。

②○　1960年代の韓国軍事クーデタを指導し，大統領となった**朴正熙**(パクチョンヒ)**は，独裁政治**をつづけたが，1970年代に暗殺された。

③×　2000年に南北首脳会議を韓国の金大中(キムデジュン)と行ったのは，北朝鮮(朝鮮民主主義人民共和国)の金日成(キムイルソン)ではなく**金正日**(キムジョンイル)。金日成は北朝鮮の初代首相で，その後主席となった。

④○　南北朝鮮は，1991年に**同時に国際連合に加盟**した。

195 20世紀後半の諸問題　　解答 ④

①×　南アフリカ共和国で人種隔離政策(アパルトヘイト)を終結宣言したのは，**エンクルマ(ンクルマ)ではなくデクラーク政権**。エンクルマは，1957年に独立したガーナの初代大統領。

②×　チリの**アジェンデ政権**は，1960年代に成立した軍事政権ではなく，1970年に選挙で成立した社会主義政権。

③×　ネルー・周恩来が会談を行い，**平和五原則**を発表したのは，1970年代ではなく1950 年代。

④○　**南北問題**は，北半球に多い先進国と，南半球に多い発展(開発)途上国のあいだの問題。この問題の解決のため，1964年以来開かれているのが国連貿易開発会議（UNCTAD）である。

196 ヨーロッパの統合　　解答 ④

①×　ヨーロッパ石炭鉄鋼共同体(ECSC)は，1950年代に**フランス・西ドイツ・ベネルクス3国(ベルギー・オランダ・ルクセンブルク)・イタリア**の6か国によって結成された。イギリスは参加していない。

②×　ヨーロッパ共同体(EC)は，**ヨーロッパ石炭鉄鋼共同体・ヨーロッパ経済共同体(EEC)・ヨーロッパ原子力共同体(EURATOM)**が，1960年代に統合されて成立した。ヨーロッパ自由貿易連合(EFTA)は，イギリスがヨーロッパ経済共同体に対抗して結成した組織。

③×　共通通貨ユーロは，ヨーロッパ共同体(EC)ではなく**ヨーロッパ連合(EU)**のもとで1990年代末から導入された。

④○　1990年代に**マーストリヒト条約**が結ばれて，ヨーロッパ連合が発足した。

まとめ ヨーロッパの統合

ヨーロッパ石炭鉄鋼共同体（ECSC）
ヨーロッパ経済共同体（EEC）
ヨーロッパ原子力共同体（EURATOM）
──ヨーロッパ共同体（EC）──ヨーロッパ連合（EU）

ヨーロッパ自由貿易連合（EFTA）